見ること・聞くことのデザイン

メディア理解の相互行為分析

是永 論
RON KORENAGA

目　　次

はじめに　3

　メディア批判の困難　3
　「理解の仕方」に即した分析　12
　本書の特徴と構成　20

1章　記述のもとでの理解とはなにか　25

　記述のもとでの理解とその方法　25
　カテゴリー集合とその一貫した適用　29
　発話を通じた行為連鎖の参照　38
　トラブルの理解と修復　43
　表現における理解の産出　51

2章　マスメディアは伝え方を操作しながら事実を　ねつ造しているのか　55

　「事実と嘘」　55
　記述としての「編集」　60
　スタジオ・トークにおける行為連鎖の参照　70
　「報道された事実」としての，公共的な理解の達成　73

3章　メディアに登場する人物は，送り手側の都合で　「心にもないこと」を話しているのか　79

　本当の経験としてのオーセンティシティのデザイン　79
　受け手におけるオーセンティシティ　83
　「自分のこと」として理解すること　86
　トーク番組における経験の語り　90
　経験の資格をめぐるカテゴリー化　95
　経験の社会的な配置に向けて　101

4章 スポーツ中継は見れば分かるようなことを余計に飾り立てているのか 105

メディアの中のスポーツ 105
実況の問題 107
中継における発言の構造化 111
リュージュ競技実況における実践 115
見ることの規範 123
「動き」として見ることの規範 128
実況の「物語」と技 134

5章 広告は目立てばよいのか 139

広告の前景化 139
広告ではないものとして見るということ 144
「広告を見る」という実践 147
実践その1　カテゴリー化装置による人物の特定 149
実践その2　カテゴリーと結びついた活動 154
実践その3　参与枠組みの転換にしたがった活動の理解 160
理解の実践に結びついた象徴 163

6章 マンガは絵で描かれているからかんたんで誰でも読めるのか 169

「読むこと」の多層性 169
マンガのわかりやすさと「見ること」のわかりやすさ 171
画像表現における参与空間のデザイン 178
コマ展開における行為の理解 182
記号として「見ること」／相互行為上のデザインのもとで「見ること」 188
ニュースとして記述して伝えるシークエンス 194
規範の参照における「読む」という経験の多様性 197

あとがき 205
引用文献 213
索引（人名 221／事項 222）

装幀 ＊ 吉名 昌

見ること・聞くことのデザイン
　　　──メディア理解の相互行為分析

凡　例

本書内で会話データを取り扱う際に用いる転記（トランスクリプト）記号を以下に示す（串田・好井編［2010］などを参照）。基本的にすべての記号は半角で表記される。

・発話と発話の時間的位置を示す記号

[　　　　：上下の行で二人以上が同時に話し始めている位置を示す。
]　　　　：二人以上が同時に話している状態が解消された位置を示す。
=　　　　：前後の発話が切れ目なく続いていることを示す。基本的に複数の発話の関係を示すために，行末と行頭とにセットで用いる。
（数字）　：括弧内の数値はその秒数の間が無音であることを十分の一秒単位で示す。
(.)　　　：無音の発声がごくわずかか，秒数として特定されない場合を示す。

・発話の仕方の特徴を示す記号

文字：　　：直前の文字で表された音が引き延ばされていることを示す。コロンの数が多いほど引き延ばしが長い。
文字．　　：尻下がりの抑揚を示す。
文字？　　：尻上がりの抑揚を示す。
文字，　　：まだ続くように聞こえる抑揚を示す。
hh　　　　：呼気音を示す。多くの場合，笑いとして聞こえる発声を示す。ｈが多いほど呼気音が長い。

・転記者から読者への説明を示す記号

(　)　　　：聞き取り不能な発声があることを示す。
《》(( ))〈〉【】：転記者による説明を示す。
←　　　　：分析において注目する行を示す。

はじめに

■ メディア批判の困難

　2000年以降の日本社会において，メディアを批判するということは，あらゆる人に共通する一種の素養とでも呼べるものになっているようである。筆者自身，2005年から2009年にかけて，BPO（放送倫理・番組向上機構）の委員として，ほぼ毎月，視聴者から寄せられた放送番組に対するさまざまな意見を目にする機会があった。そこで印象に残ったのは，意見のほとんどが番組に対する辛辣な批判であったことと，そうした批判をする姿勢の中にうかがえる，視聴者の批判に対する熱意とゆるぎない確信であった。

　実際に批判をしている人々について考えてみると，近年の大学生が書く文章では，「メディアの論調に無批判に従うのはいかがなものか」というのが，定型的な結論の一つになっているという（内田［2005］）。その一方で，過去にメディアに仕事として携わった経験のあるものも含めて，教員の多くが，メディア批判を毎回のように講義の中で繰り広げているという話も筆者の周囲にいる学生から耳に入っている。

　さらに別の指摘では，メディア批判そのものが，当のメディアを通じて定型化・常套句化していると言われている（内田［2010］）。近年のテレビ批判について書かれたメディア研究の教科書でも，「やらせ」や「ねつ造」といった問題の指摘は，そのほとんどが，新聞，雑誌，ラジオといったメディアの中で展開しているもので，さらにそれ

ら以上の情報源となったのが、まさにテレビであることを指摘している。問題は「テレビの中で発生し、テレビの中で批判され、テレビのなかで終わりを迎える」といった具合である（中［2008］）。そしてその極めつけが、「マスゴミ」という用語までも生み出した、インターネットで流通するメディア批判であり、読者の多くもまた、ネット上でメディア批判の定型化を実感しているものと想像できる。

確かに一方で、こうした批判のうちいくつかは、2000年代以降の現実としてメディアを取り巻く危機的な状況への意識を背景としているところはあるだろう。2011年の東日本大震災に関するいわゆる震災報道のうち、特に原子力発電所事故の報道に対し、さまざまな問題点が指摘されたことはその象徴ともいえる（烏賀陽［2012］）。報道以外についても、テレビの娯楽番組が安易な作りのバラエティ番組一辺倒であることへの不満もよく耳にする。

メディアの利用状況から見れば、過去15年間における50歳代までに及ぶ新聞閲読時間の低下に加え、20歳代以下においては、テレビの視聴時間がはっきりと低下しており、雑誌やラジオなどの接触時間についても、その減少傾向はかなり大きな形で認められている（橋元［2011］）。以上のような事実の指摘と合わせて、いわゆる「凋落」や「劣化」といった言葉をともないながら、メディア批判の論調はますますその勢いを強めているように思われる。

そうしたメディア批判の高まりとともに、目立ってきた傾向として、「メディア・リテラシー」という言葉を耳にすることが多くなったことも同時に指摘できる。メディアを批判する物言いとともに、「メディア・リテラシーが大切だ」という言い方は、何らかのメディア情報に関するコメントや論評、エッセイなどを締めくくる一つの常套句になっている。

この言葉は本来、メディアに対する批判だけに単純に結びつくもの

ではない(浪田[2012]など)が,少なくともこの言葉の普及によって,メディア批判を実践することが,多くの人々に動機づけられていることは明らかだろう。

　ここで取り上げる,次のような新聞への投書は,以上にみた背景を考え合わせると,興味深い点を示している。

>　(前略)夏になると,水着姿の若い男女が降り注ぐ陽光の下,海辺で缶入りの酒類を飲むコマーシャルも流れる。彼らはきっとその後も,酒気を帯びたまま遊泳するのだろう。
>
>　私は酒もたばこもやるが,一日中流れている様々な酒類のコマーシャルを目にすると,飲酒が未成年者には禁止されているということが,無視されているとしか思えない。酒を飲み過ぎると人間の判断力は衰え,体にも良くない。飲酒という行為には相応の節度とモラルも要求されるのだ。
>
>　いくら民間放送の主な収入源がコマーシャルとはいえ,その内容や放送する時間について多少の心配りは必要であろう。酒類に関するコマーシャルの規制などメディアは真剣に検討すべきではないか。(2008年3月5日『朝日新聞』「声」欄より)

「パン工場勤務」の59歳男性によるこの投書から示されるのは,民間放送が特定企業の利益を優先しているのではないかという,一般的なメディア批判だけではない。この批判に関連しては,まず,2005年に世界保健機構が「アルコール関連問題」を指摘する中で,アルコール広告の規制について提言を行っている背景が指摘できる。さらに,日本の現状として,アルコール広告はあくまで酒類業界の自主規制にしたがう一方,表現内容に関する規制はほとんどなく,海外に比べてはるかに強制力の低いものであることを考え合わせると,彼が以上の

はじめに

事実とともに、メディア・リテラシーという言葉を実際に知っているかどうかは定かでないが、批判として秀逸なものであるといえる。

そして、彼のように、ふだんメディア研究とはあまり専門的な関わりを持たない一般市民が、内容の分析を踏まえてメディア規制をしっかり論じていることは、まさに本来のメディア・リテラシーとして提唱されている理念にもかなっているともいえるだろう。

しかしながら、日々私たちがメディアに接する場面に照らして考えたときに、この投書が行っている「批判」は、むしろ内容の分析をともなうがゆえに、ある違和感をもたらすと思われる。なぜなら、実際にこうしたコマーシャル（CM）を目にしたときのことを考えてもらうとよいが、海辺を舞台にしているかどうかにかかわらず、ビールのCMに映し出される人々を見るとき、私たちがそこに「本気の酔っ払い」が映っているように理解することは少ないからだ。つまり、CMでよくあるような、人が空を飛ぶようなCG画面などと同様に、私たちは画面上で繰り広げられるこうしたふるまいを、演技や見せかけという、表現上の「つくりごと」として理解しているはずである。

そのように考えたとき、この投書主は、画面上の海辺でビールを飲んでいるという、あくまでつくりごとに過ぎない表現上の世界に対して、その後に「酒気を帯びたまま遊泳をする」という一つの事実を読み込み、さらにはその事実からこのような広告自体の規制を、「真剣に」検討することを主張してしまっているようにも思える。

とはいえ、筆者はここで、こうした酒類広告に対する批判や、酒類広告の規制そのものに対して異を唱えるものではない。むしろ、飲酒による死亡事故や未成年の飲酒事故がたびたび報じられる一方で、何の節度もなく電車の車内や街頭のポスター、あるいはテレビやパソコンの画面などに氾濫する、さまざまな酒類の広告を日々において目にする中では、規制をまさに真剣に考える必要も強く感じてさえい

る。しかし，この場合の投書主が行っていることは，そのような現実の広告における制約のなさといったものに対する規制の提唱ではなく，CM上の表現にすぎない海辺の男女の姿から，飲酒に関する節度とモラルを訴える中で，規制を真剣に検討することを主張するという点で，批判としての意味を異にしている。そして，CMというメディアの内容に対する批判としては，そのままでは人々によって受け入れることが難しいものとなっていることをここで指摘したいのである。

　これに関連して，最近のCM映像を見て気がつくのは，「これはCM上の演出です」，「CMとしての表現です」といったテロップが表示されることが多くなった点である。統計を取っているわけではないので，どこまで一般的な傾向であるかどうかはともかく，このことから，少なくともこうしたCM上の表現に対して，あたかも一つの事実のように受け取った者から，批判が寄せられる例が実際にあり，そのような批判への事前対策として，こうしたテロップが画面にほどこされているという経緯が推測できる。

　この点においてまず，現代におけるメディア批判の勢いとはうらはらに，メディアをその内容において批判することの困難さが指摘できる。つまり，CMに限らず，ドラマなどで，実際の事実に基づいているような内容があったとしても，それに関する批判は，「これは表現上のものです」，さらには「テレビとしての演出です」，などといった，表現レベルで語ることばの前におしなべて沈黙させられてしまうのである。筆者がBPOで目にした，視聴者からの批判に対する，放送局や制作者側の対応としても，ここまで直接に突き放した言い方はしないものの，表現や演出上の意図を含む，制作者側の事情といったものを理解しないで批判を行うことに対しては，実際に視聴者からの批判の対象となっていた番組の制作者はもちろん，かつて番組の制作にたずさわっていた委員などからも疑問が提示されることも多かったよう

はじめに

に思われる。

　以上に示した，一般の人々において表現内容からメディア批判を行うことの困難さに関連して，ここではさらに，社会学やメディア研究の知見にもとづいて行われている批判や抗議にともなう困難さについて，次に挙げるような例から見ていくことにしたい。

　かなり時代をさかのぼるが，1975年に，テレビで放映されていたある食品会社のCMが放送中止となった。その中止が決定されたきっかけとなったのは，当時「ウーマンリブ」と呼ばれていたフェミニズムによる運動を推進していた団体（「国際婦人年をきっかけとして行動を起こす女たちの会」）が，そのCMが男女の役割分担（性役割）を固定化する「差別CM」であるとして，抗議をしたことだった。そして，CMがそうした差別をしているとされた根拠は，CMの場面で，ラーメンを作った女性が「私作る人」と言った後で，一緒にラーメンを食べている男性の方が「ぼく食べる人」とつぶやき，全体として一つのキャッチフレーズを表現していたことによるものだった。最終的に，広告主の会社が判断し，このCMについては，抗議のあった翌月をもって放送が中止されることになった。

　ここでまず，CMに対する抗議が，キャッチフレーズというCM内の表現に対する一つの理解を根拠にしていることを確認しておく必要があるだろう。つまり，ここでは，広告主や宣伝主が男女差別をしているという事実が批判されているのではない。あくまでCMの中で「ラーメンを作った女性」が「私作る人」と発言していることから，こうした表現が「女性が男性のために料理をしてあげることが当然だ」といった差別を「固定化」（助長）するという理解にもとづいて，抗議がなされていたのだった。

　しかし，こうした抗議とそれを受けた放送中止という決定は，後にさまざまな反響，いわゆるバックラッシュをもたらしたという（江

原［1998］)。このできごとは，図0-1にあるような新聞記事を含む，さまざまなメディアで，識者や一般の人々の意見を交えながら報道された。報道に際しては，図0-1にあるような「差別CM」や「降参」というカッコ付きの表現が見出しで大きく示されるとともに，別の記事では「言葉狩り」といった言葉も用いられる中で，抗議に関する独自の意味づけがなされていた。また，新聞の意見欄や投書欄の中でも，学生や主婦，評論家など，さまざまな女性による反応が示された。その反応として目立ったのは，図0-1左下の識者によるコメント欄（「中止の決定こう見る」）のうち，「冗談ひとついえぬ」という見出しで評論家（上坂冬子）のコメントに示されたような「反発」であったという。

図0-1 放映中止決定を伝える当時の新聞記事
（『朝日新聞』1975年10月28日朝刊）

さらに，こうした反発には一つの特徴が見られた（江原［1998］)。つまり，反発を示す人々の中には，「性役割」に抗議することに対してではなく，このCM中にある表現の理解をもって「差別CM」として判断する理解の仕方（江原のいう「解釈作業」）の方に異議を唱える人が多かったというのである。実際図中の「冗談ひとついえぬ」というコメントの中でも，「お茶の間の大多数の主婦はそんなものに神経をいらだたせてはいない」という言い方がなされていたように，CMの表現に対してふさわしくない理解の仕方をしてしまったことに，女

はじめに

性からも多くの反発が寄せられたというのである。

　それではなぜ、この表現を「差別 CM」として批判することは、CM 上の表現の理解の仕方としてふさわしくない、とされてしまうのだろうか。この現象を詳しく分析した江原によれば、それはまず、CM が「商品広告」(宣伝)をするものであり、現実における「性別役割分業肯定・強化の主張」をするものとして理解されないことによる(江原［1998：58］)。この点で興味深いのは、図 0-1 中の「宣伝の効果は十分」という見出しの識者コメントや、後の新聞評論でも示されたように、この抗議とそれによる放送中止を含めた一連の出来事を、「宣伝」という効果について位置づける人が少なからずいた点である(国際婦人年をきっかけとして行動を起こす女たちの会［1976］)。このことはつまり、CM の中での表現は、受け手にもたらす反応を含めて、あくまで宣伝(効果)という点によってのみ理解されるはずのもので、それ以外の理解をさしはさむことはふさわしくないという考え方を示すものとして見ることができる。

　そして、批判がふさわしくないとされるもう一つの理由は、「ユーモアや冗談」としての理解の仕方による。つまり、「私作る人」というフレーズは、あくまで冗談として受け取られるべきもので、そのような表現に過ぎないものを批判するのは、まさしく冗談を本気にとるような意味でふさわしくないこととなる。そのため、CM 上の表現に過ぎないフレーズを本気にとり、さらには放送を中止させることは、ふさわしくない理解の仕方として反発をもって迎えられたのだった。そのため図 0-1 の記事中にも見られるように、「差別 CM」への抗議に対するそのほかの反発として、「むきになって」という言い方が各所でなされていたこと(江原［1998：57］)は、注目に値する。なぜなら、「むきになる」という言い方そのものが、まさに取るに足りないことに対して、本気になることをなじるために使われていると考え

10

られるからだ。

　ここで先に見た酒類広告への批判を関連づけてみると，そこではCM上の表現（つくりごと）として，海辺でお酒を飲む場面を見て，そこに本気の酔っ払いがいると理解したうえで，真剣にCMの規制を訴えていた。しかし「差別CM」抗議への反発に見られた理解の仕方によれば，このような訴えは，CMを本気のものとして理解するがゆえに，ふさわしくないものとなる。

　以上のような理解の仕方からすると，新聞投書に見たような批判を行うにしても，フェミニズムなどの学問的な背景をもって本格的に抗議を行うにしても，その対象がまさに表現というものである以上，批判や抗議自体に困難がともなうことになる。特に「差別CM」抗議に対しては，単なる広告主や放送局からの反論ではなく，受け手からこうした表現への理解にもとづく反論が示されていた。そのため，江原も指摘しているように，表現の批判や抗議を行うことは，そうした理解を行う人々自体への批判として受け止められることにもなる。

　しかしながら，本論は，以上の事例に見られた問題から，彼・彼女らが現実におけるアルコールに関連した問題や性役割分業に対して批判や抗議をすること自体の価値や意義を損ねるものではない。むしろ，人々がそのような批判や抗議を行うにあたって，それらにともなう困難にもかかわらずCM上の表現をあえて対象としていることに注目したい。そのうえで本書が問うのは，批判や規制といった行為に典型とされるような，いわば表現に過ぎないものに向かって現実的な立場から何かを行うことが，どのようにして可能になるのか，ということである。(1)

　そして特に批判をするという現実的な立場について関連させて考えれば，表現を批判する困難とは，たとえば性的な物言いなどを，セクシャルハラスメントとして告発する場合，その物言いが冗談のうえで

の表現とされてしまうことにより困難を抱えることにもつながる。

■「理解の仕方」に即した分析

　これまで見てきたように，メディアの批判では，表現に対する理解の仕方について，そのふさわしさが問題にされる可能性が確かめられた。それでは，そのふさわしさとは，いったいどのように考えるべきものなのだろうか。

　一つには，社会において中心をしめる階層や地位の人々がおり，その階層や地位にともなう優位性によって，表現に対する理解のふさわしさがもたらされているという考え方がある。その考え方からすれば，先にみた「差別CM」の場合，CMにおける商品宣伝のもつ優位性があり，それが広告主や企業といった組織の「権力」として表現に表されていると考えることも可能である。

　従来のメディア研究においても，カルチュラル・スタディーズという理論的な観点からは，特に表現の理解について，ある特定の社会階層や組織の権力にしたがった理解のふさわしさがあり，そうした理解の優位性がメディア上の表現の中に埋め込まれている（エンコーディング）という考え方がなされてきた。メディアの受け手は，このような優位性にしたがった理解をその都度行う（デコーディング）ことで，特定の社会におけるふさわしい理解を自らでもたらす存在となる（Hall［1980］）。

　一方，これに対して，表現の理解におけるふさわしさを，受け手個人に任せる立場がある。この立場は先にみた「メディア・リテラシー」という用語とともに，特にマス・メディアの優位性に対抗し，客観性や科学的な合理性といったものに照らしながら独自にふさわしい理解を導き出すという態度として提示されている（バッキンガム

［2006］）。

　本論では表現の理解におけるそれぞれの側面を否定するものではないが，従来のこうした観点は，本論が問題とするような，表現に過ぎないものに現実的な行為をなすことに対して十分な観点をもたらすものではないと考える。

　まず前者のように，あらかじめ社会からの優位性を付与されると考えてしまうことは，表現上に過ぎないはずのものをそのまま現実の存在になぞらえて，つねに本気で理解することが前提となる。「差別CM」において，男性が「食べる人」となることは，その表現の理解について男性の優位性を前提とすることになるが，その表現自体が冗談であるという理解が成立すれば，そこで前提とされる男性という存在もまた，現実としての男性を指すことになるのかは，たちまち曖昧なものになってしまう。

　その一方で，後者の立場では，現実における客観性や合理性を前提とする中で，メディア上の表現を現実から一切隔絶した，いわば虚構の次元に閉じ込めることが前提となる。D.バッキンガムは，広告についてのメディア・リテラシー教育が，子どもたちに「広告はそもそもまったく信じられないものだ」といった「ニヒリズム」をもたらすことを指摘している。こうした態度はあらゆる広告をあらかじめ「不信」のひと言によって切り捨て，広告が現実と結ぶ関係を一切かえりみないような，一種の思考停止をもたらしているととらえられている（バッキンガム［2006］）。

　そこで以上のような従来の考え方に対して，本論は表現の理解をあらかじめ社会（権力）か個人のどちらかの問題に委ねることなく，あくまで表現の理解の仕方に即して，本論が問題とする表現と現実のとり結ぶ関係についてアプローチする。このとき，本論は，表現の理解を次のような特徴をもって考察する。

はじめに

1 表現として描かれたもの(記述)に即した理解を対象とすること
2 1を,記述上の概念にしたがってなされる理解の仕方として分析すること
3 2は現実場面で実践されている理解の仕方でもあること

　それぞれの点についての詳細は,次章以降の具体的な考察にゆずるが,ここで簡単にポイントを確認しておく。
　第一は,ある表現の理解を考察の対象とするとき,その理解が導かれる過程を,表現として描かれたもの,すなわち記述に即して考察することである。つまり,直接には表現に描かれていない文化的・社会的な背景や,表現の対象となっている人々の属性などを,表現の理解に先行した事実や知識としてひとまず扱わないこととし,記述から理解が導かれる実践そのものを考察の対象とする。
　第二の点は,表現の理解を分析するときに,表現に描かれている人々やその発言が,特に行為に関連した意味を持つまとまりによって理解を導いている点に着目することである。以降では,このまとまりが記述による「概念」の結びつきによって構成されていることを示しながら,第一の点で示した理解の過程を,その概念の結びつきにおいてなされる「記述のもとでの理解」として取り扱う。
　第三は,第二点にみた記述のもとでの理解が,メディア以外の現実場面でも実践されている,という前提から考察することである。このとき,本論は現実の社会生活における人々による理解の実践過程を研究してきたエスノメソドロジーの考察を参照する。1章で述べるように,もともと記述のもとでの理解という研究視点そのものがエスノメソドロジーから導出されたものであり,以降で分析の対象となる「カテゴリー集合」や「行為連鎖」の参照によって導かれる概念の結びつきにおいてなされる理解とは,現実の行為において人々が理解を実践

する過程について分析的に見出されたものである。

　本書が以上のような特徴をもって考察する背景は，以降でメディア上の表現を具体的に分析する中で示す。ここでは，理解のふさわしさを考える目的について，以上の特徴がもつ背景を簡単に示すことにしたい。

　その特徴の背景にあるのは，これまでのCMの例で見たような，ある表現を理解する場合のふさわしさに対して，記述以外の事実や知識を先行させないという分析態度である。

　この態度について，次の例0-1にあるようなマンガから，具体的に考えてみよう。

　このマンガの中で，この女性が電話をかけて行おうとしているのは，自分が風邪をひいているという事実を相手（会社の上司など）に伝え，休みの許可を得ることである。しかし，単に「風邪をひいている」という事実を相手に伝えるだけが目的ならば，発言を途切れ途切れに言ったり，発言の中に

例0-1（秋月［1991：50］より）

咳を交えたりするなどの「演技」を加えることは，この女性が最後のコマでまさに疑問と表明しているように，それだけでは意味をもたないことになる。むしろ，咳が自然と出てくるわけでもないのに，わざ

はじめに

わざ電話口だけで咳をしているという点では、女性は事実と異なることをしている、つまりウソをついているとさえいえる。

しかしこのとき、この女性から電話を受ける立場（かりに上司としよう）になって考えてみよう。そこで上司にとって目的となるのは、当然ながら女性がなぜ休まなければならないのかを理解することである。この目的において、女性の「演技」は必要がないどころか、相手（女性）が「風邪をひいている」と理解するために、重要なものであるといえる。何しろ電話なので、顔色は分からないし、手を額に当てて熱をはかってあげることもできないのだから。そのとき、女性が「風邪だから休む」ことについての理解の仕方には、咳や声の調子といった表現が直接に関係しているのであって、この女性が病原（ウイルスなど）に冒されているという事実は、いくらそれが現実として深刻なものであろうとも、少なくとも電話での会話から「風邪で休むこと」を理解することには直接結びつくことはない。だからこそ、「風邪をひいている」という事実だけをただ伝えても、それが相手に「休むこと」を理解させることにはならない場合も出てくる。

したがって、確かに女性にとっては、とくに自然と咳も出ないのに電話口だけで咳をすることにウソがあるのかもしれないが、電話を受けている上司にとっては、この表現こそが、女性が風邪をひいていることの理解において、まぎれもないひとつの「事実」になり得るのである。

つまり、女性が休む理由を「風邪」という「事実」として受け取る上司の立場からすれば、とぎれとぎれに声が出されていて、ときおり咳が重なる、という表現において理解することが、ふさわしいのである。

そして本書の分析は、ここで考えている上司の立場と同じく、このようなふさわしさにおいて、先に示したような記述以外の事実や知識

を先行させないという態度をもって，表現から「事実」としての理解を導く過程を考察の対象とする。さらにこの態度にしたがい，「風邪をひいている」という理解について，「演技（見せかけ）か本気か」という判断を先行させず，その理解がどのような記述のもとで導かれているのか，を問題とする。このとき，表現内での出来事についても，登場人物の体温や咳の回数といった事実を，現実として想定されるケースと対応させて考えるのではなく，ただ表現としてどのように咳をしているのか，が分析の対象となる。

　そして，どのように咳をしているのかを記述として考察する手がかりとなるのが，その人が咳をしながら行っている発言の，「単位」にともなう概念である。通常の会話で発言がなされる場合，発言は主に文章という単位として理解される。このとき，咳の音が入ることは，こうした単位および，その単位においてなされた活動の（記述にともなう）概念を脅かすことになる。そして，「風邪をひいている」という理解そのものが，こうした概念が脅かされることによってもたらされる。

　実のところ，例0-1に見てきたような理解の仕方とは，決してマンガや電話といったメディア上の場面にとどまらず，現実の社会的な場面でも実践されているものである。実際に目の前で咳をしている人に向かって，その人の額に手を当て，熱があるという事実に対応させてから「風邪をひいている」という理解を導くことは，自分の子どもなどの場合を除いて，通常行われない。これに対して，その相手と話をしていて，相手の発言が単位をなさなくなるような咳の状態について，「ひどい風邪だ」といった理解を導く場合の方が，前者よりも多いといえるだろう。現実の社会的な場面での実践においては，「いくら咳がひどくても，熱が測れなければ風邪かどうかわからない」といったような形で，人々は必ずしも「事実」を対照させながら理解を行って

はじめに

いるのではない。たとえその表現がそれに関わる事実の裏付けをもたない意味で、本当に「見せかけ」であったとしても、そうした事実とは別のレベルで、表現に即した記述のもとで理解を実践している。

　ここで以上のようなことを指摘しているからといって、何も表現とはこうあるべきだ、という法則や秘訣を示そうとしているわけではない。むしろ、これらの指摘は実際に行われている表現に対して、ごく当たり前のことを述べているに過ぎない。しかし、この実際に行われているということ（実践）こそが、本書が表現の理解について考える際のポイントとなる。従来、表現について特に学問的に考えることは、文章や文学作品などとして完成・完結したもの（テクスト）に対して行われることが多かった。その場合、表現の理解は、書かれた結果についてあくまで完結したものとして考えられていた。これに対して本書が目指しているのは、社会の中で行為としてなされている表現を、広くその作り手・受け手が関わる実践にしたがって考えることである。そのことは、まさに例0-1に示したように、上司に対して休む言い訳を人々がどう実践しているのか、ということを、れっきとした一つの表現として考えようとすることであり、それは書かれたものとして、ある文章が美しいものであるか、ある作品がどのように感動をもたらしているのか、などについて考えることとは異なる。

　そして社会学では、人々が社会の中で行っている表現を、一つの実践としてすでに考察している例がある。その一つがE. ゴフマン（ゴッフマン）という社会学者によるもので、本書の考察もまたその考えを端緒としている。そこで、表現について示した以上の指摘を、次のようなゴフマン自身のことばによっても表しておきたい。

　　　作り上げられた見せかけが、つじつまの合わない事実によって
　　　信じられなくなる、というよくある考えを持ち続けることはでき

るとしても、作られた印象と食い違う諸事実の方が、当惑を感じてしまう作られたできごとよりも、さらにリアルな現実であると主張する理由はない。……われわれが問いたいのは、「ある印象が不信に陥るのはどのような・や・り・方によってか」であり、そのことは「ある印象が偽りなのはどうしてか」と問うこととは全く異なる。(傍点筆者, Goffman [1959：65-66], ゴッフマン [1959＝1974：75-76] を参照)

 ゴフマンは「印象」ということばを用いて、人々が現実の状況における自己の表現 (presentation) を「どのような仕方」で実践しているのかを問うことによって、現実の社会生活についてなされる行為に対して、記・述・の・も・と・でなされる理解のふ・さ・わ・し・さを対象とした研究を展開した。そこで「偽り」であることは、ただ事実に反することではなく、ある特定の記・述・の・も・と・でのふ・さ・わ・し・い理解を導けないことを意味する。このことは同時に、このようなふ・さ・わ・し・さに関して、その表現における概念の結びつきが「規範」[4]として参照されていることを意味する。

 ここで、以上のゴフマンの指摘から、従来の社会学においても、記述のレベルを対象に社会を考察する必要性が見出されてきたことを確認する一方で、こうした考察が具体的にどのようになされるべきかについては、ゴフマンを含めてそれ以上の可能性が、エスノメソドロジーを除いては積極的になされなかったことを指摘しておきたい。

 一方、本論は、メディア上の表現の理解について分析することを第一の目的とすることから、記述にしたがって現実社会を分析する方法としてのエスノメソドロジーについて直接考察するのではなく、先に示した表現の考察における特徴を確保する基盤としてエスノメソドロジーを使用する。

はじめに

　エスノメソドロジーでは,「風邪をひいている」といったことが社会的な活動において理解可能なとき,「だれがそれをおこなっているにせよ,それがおこなわれるやり方によって理解可能になるのだ」(フランシス&ヘスター［2004＝2014：44］)という前提から,理解が「産出(produce)」されていると考える。記述のもとで理解を実践するということは,ある表現についての理解を,特定のやり方について,規範を参照しながら産出することに等しい。

　エスノメソドロジーがその分析対象とする活動について,その「見かけ(appearance)」が,どのように活動の「内側」から作り出され,実際にそうした見かけを示すようになっていくのかに注目するように(フランシス&ヘスター［2004＝2014：44］),本論もまた,表現の理解を,表現の中でなされている活動の見かけに徹した形で,表現の「内側」から産出されるものとして分析する。

■ 本書の特徴と構成

　本書は,日常的なメディア批判や,あるいはメディア・リテラシーの議論としてよく言われるような,メディア表現にまつわる一般的なうえテーマを各章に配置している。そのうえで,それぞれのテーマについて,表現の理解産出における規範の参照という観点から考察しながら,メディア表現をどのように分析していくのかについて,実際の研究例とともに示していく。

　このため,本書では,表現の媒体となるメディアや,表現ジャンルについて,必ずしも網羅的に対象を取り扱うものではない。また,データとなるメディアの,当時における技術水準や形式としても,現代に比べると古い印象のものを含むことがあるが,その場合は,メディア表現の理解における規範を明らかにする目的にとって,妥当なデー

タを使用しているものとして理解されたい。

　また，本書では，マス・メディア上の表現の理解を取り扱う場合においても，韓国語がまったく分からないものが韓国語のCMを見るような，通常には行われないような実験的な状況を考察することがある。これは後でも示すように，メディア表現の理解について見られる，ある種のジレンマを含んだ状況に対して，受け手が規範をどのように参照しながら，表現の理解を導いているのかを観察するためのもので，通常行われている実験のように，事例から見出された知見の一般性を訴えるものではない。

＊　＊　＊

　本書は，次のような内容で構成される。

　まず次の第1章では，これまでに示した特徴をもった考察を展開するために，エスノメソドロジーで用いられている「記述のもとでの理解」という分析視点について，概論的に説明する。そこで実際の相互行為の分析にもとづく知見を紹介しながら，相互行為において参照される規範の分析を，メディアにおける表現を理解する実践に適用する可能性を明らかにする。

　2章以降では，主にマス・メディア上で実践されている特定のメディア表現について，実践上の目的をふまえながら，理解の産出において参照されるさまざまな規範とともに，表現における理解の実践を，具体的な例によって分析する。

　2章では，テレビでの報道番組における表現について，「事実」としての理解が産出される際に参照される規範を取り扱う。

　3章では，テレビの司会者が電話で視聴者と行うトーク番組を主な題材として，人々が表現されたものをいわゆる「本当の経験」として

はじめに

どのように取り扱うかについて分析する。

4章では、スポーツ中継番組でのアナウンサーと解説のやりとりを対象に、スポーツを「見ること」がどのような理解として産出されるのかについて、分析する。

5章では、映像による広告の表現に対する、視聴者による理解の実践を、特別な視聴状況を設定した上で、視聴者どうしの対話を分析することを通じて明らかにする。

6章では、いわゆる視覚的（ヴィジュアル）メディアとして特徴づけられるマンガにおける表現の理解を対象とし、そこでどのような理解が読者に産出されるように表現が構成（デザイン）されているのかについて分析する。

そして、終章となる7章では、本書が規範の参照を焦点に、表現の理解を産出する方法について考察する意義を、それまでの章における知見をまとめる形であらためて示すことにする。

[注]

（1） 表現されたものに対して現実的な行為をなす上での問題は、特に批判という否定的な行動に限るものではない。肯定的に評価をする場合を考えてみても、それこそただの表現に過ぎないものに対して、本気で思い入れや賞賛を表明しても、いわゆる「二次元コンプレックス」や「萌え」の類の特殊な行為にされてしまう可能性さえも否定できない。

（2） こうした困難に類する例として、安川［1991］がゴッフマンの概念とともに紹介している、「ストリート評言」のもたらす「アンビバレントな状況」が参照できる。ストリート評言とは、街中で見知らぬ異性から投げつけられる一種のハラスメント的発言（「おねえちゃん、いい脚してるじゃん」など）のことをいう。そうした表現で呼びかけられた側は、その言葉をあからさまに無視すれば「なんか気取ってる」と言われることになり、逆にそのことばに本気で怒りを向ければ、「マジメにとっちゃったよ」と、

その表現を受け入れて，相手とのやりとりの開始を承諾したように扱われてしまう。これはまさしく，冗談に対して，それを相手にしない不遜（不粋）か，あるいは，マジメに受け取って怒る本気さとして，いずれも冗談に対するふさわしさの欠如という理解を導き，男性との関わり合いそのものに対する拒否を状況的に困難にするような，男性から女性に仕向けられた理解の仕方であるといえる。

（3） 別のマンガでは，同じような題材で，次のようなことが描かれていた。

あるOLが，風邪を引いたので休みたい，という電話を上司にかけてくる。上司はそれを聞くなり，

「おや，まだ風邪は治ってなかったのかい。」

と皮肉そうに言った後で，その理由を告げる。

「忘れたのかい，君が風邪を引いたので休むって電話してきたのは今週で二回目だよ！」

上司のこのことばに，このOLはいかにもつらそうな様子で，

「忘れました……」

とただつぶやく。上司はそれを聞いて，「本当に具合が悪いんだね。お大事に。」と引き下がってしまう。

以上のような一連の記述は，相手が「風邪を引いている」ということの理解の仕方を全体として示している。つまり，「風邪を引いたという自分のウソさえも覚えてない」という記述のもとで本人が本当に「風邪を引いている」という理解が導かれている。

（4） ここでの「規範」という用語は，「ある表現についてふさわしい理解を実践する（理解可能にする）限りにおいて規則的に参照されるもの」という意味で，本論独自に用いている。規則的であるという点では，社会の秩序に関わるものといえるが，従来の社会学で用いられてきたような，統制的に秩序を成立させる源として考えられているような「規範」とは異なり，あくまで，「この表現について，この理解が（より）ふさわしい」という形で，理解の実践において参照されるものを示す。

1章 記述のもとでの理解とはなにか

本章では、メディア上の表現を分析するにあたり、これまでエスノメソドロジー研究の中で考察されてきた「記述のもとでの理解」という視点について紹介するとともに、そのような理解を実践するうえで参照される規範としての、「カテゴリー集合」と「行為連鎖」について、実際のメディア上の表現を題材に説明する。

■ 記述のもとでの理解とその方法

エスノメソドロジーは、社会的な行為の分析を目的とするにあたり、「行為の記述」を問題にしてきた（Sacks [1963=2013]）。その問題とは、それまでの社会学の分析において記述がなされる場合、その記述が、実際の社会において人々がある活動を行う際の記述の仕方（がもつ秩序）を考慮せずになされていることであった。本論では、このような従来の社会学における記述の仕方が具体的にどのような意味で問題とされてきたのかについては他の考察（前田 [2008]、小宮 [2011] など）に譲ることとし、ある社会的な行為について、従来の社会学の記述を含む、さまざまな記述（複数の記述）が可能であることを課題とする前田 [2015] の論考を手がかりに、表現の理解を「記述のもとでの理解」として考察する視点について明らかにしたい。

ここであるメディア上の表現について、送り手（表現者）が表現上の人物（登場人物）およびその行為をメディアにおいて描くことを、

25

1章　記述のもとでの理解とはなにか

社会の現場（フィールド）に赴く観察者（エスノグラファー）が，現場の人々の行為を観察しながら記述することになぞらえてみよう。エスノグラファー自身によってもしばしば選択の問題となるように，観察された行為を記述する場合に，その記述の「厚さ」について，さまざまな記述が可能となる事態が生じる。

　たとえば，歌手を対象とした観察記録（エスノグラフィー）において，その歌手による行為を記述する場面で，その歌手について実際に観察された活動の中に「咳払い」があったとする。

　このとき，「咳払い」という活動だけを取り出して考えた場合，この活動が観察された時点で，歌手の喉に発声するうえで何かの異変があり，その異変を取り除くために行われた「本当の咳払い」として記述される場合がある。一方で，そうではなく，ただ歌を始める合図や，歌う姿勢を整えるために「咳払いのふり」として記述できる場合がある。つまり，この後者「咳払い」という活動に対しては，単なる「咳払い」という「薄い記述」に対して，「歌を歌う準備として咳払いをする」という「厚い記述」がなされる。

　そして，「咳払い」についてのこれら記述のあり方は，この歌手について「歌を歌う」という活動を記述するとき，「歌を歌う」ことについて，「咳払い」という活動の記述を結びつけることが適切かどうかという課題を生じることになるだろう。「咳払いのふり」という記述をする場合，「歌を歌う準備として咳払いのふりをする」という厚い記述において，複数の記述の結びつきをもちながら，咳払いという活動を「歌を歌う」という記述の中に含み込んで行うことになる（前田［2015：43］）。

　この歌手を対象とした記述において，さらに「咳払いのふりをする」という記述の理解について考えたとき，そのような理解は，「咳払い」という活動が観察された時点で，そのとき歌手がその活動につ

いて内心どのように考えていたのか,といった「意図」によって決定されるのではなく(1),あくまで「歌を歌う」こととして記述された活動との関係によって決定される。その意味で,記述の理解とは「記述間の関係の問題」(前田［2015：43］)として扱われる。

そして同時に,「ふりをする」という理解は,「咳払い」の場合,喉の異変を取り除くといった「個人の活動」として記述されるものに対する,「他人に向けられた活動」としての理解との結びつきにおいて導かれる。換言すれば,本書「はじめに」のビールのCMで見られたような演出において,「ふりをする」という理解もまた,こうした活動についての「概念」の結びつきをもたらすような,記述間の関係に即して実践されているといえる。

こうした記述間の関係という視点を確認したうえで,あらためてメディア上に表現された行為の理解を考える。まず,メディア上に表現された行為を,CM上の演技から報道における「事実の歪曲(やらせ)」までを含む,演出すなわち他人に向けられた「ふりをする」活動と位置づけ,それ以外の,主に個人としてなされる「本当の」活動と区別するような単純な二元論は否定される。

このことを確認するために,先の例における歌手による,歌うという行為が録音されたメディア(CD)をさらに例としよう。このCDに「咳払い」がそのまま録音されていたとき,それを単に喉の異変による「咳払い」と記述すれば,そのような活動はCDに記録するべきものではなく,再び歌ってレコーディング(テイク)する必要を生じるだろう。しかし,この咳払いを「歌を歌う」ことに結びつけて記述すれば,それは単なる「咳払い」ではなく,「歌う準備として咳払いのふりをする」という社会的な行為に関する記述のもとで,CDに記録されるにふさわしい活動となり,「歌を歌う」という表現の理解に適切な形で含み込まれることになる(Sharrock & Button［1991］)。

以上の例において，「咳払い」を表現（のうちにあるもの）として理解することは，あくまでその表現を構成する記述のもとで，複数の記述における関係について産出される。このとき，それぞれの記述が表現（のメディア）に含まれることのふさわしさは，表現そのものの内部から導かれる。それはちょうど，咳払いの入った歌のCDを聞いたときに，咳払いの音声が歌と一緒に録音（記述）されていること自体から，その音声を「歌を歌う」という表現のうちにあるものとして理解するような例としても確かめられる。⁽²⁾

　以上の例によって，二元論の否定にともなって示されるのは，前田［2008］によって指摘されている記述と文脈の関係である。その関係は，ちょうどエスノグラファーによる（厚い）記述そのものによって，観察された活動を理解するための文脈が構成され，さらにその文脈における記述自体が，記述された活動を行為として適切に理解させるような関係として表される。そして，文脈（状況）そのものが一定に理解されるのは，活動が特定のやり方において適切に記述されている，すなわち「ある記述がそれ自体，それが記述する状況の構成要素でありうる」（前田［2008：19］）ためである。この点で，行為の文脈の理解もまた，その中で展開する行為の理解と同じく，記述のもとで導かれる。記述と切り離した「文脈」の考察自体は不可能ではないものの，従来の社会学は，以上の関係と切り離して「文脈」を独立させながら考察するきらいがあり，メディア上の表現についても先にみた二元論を見直す契機が生じなかったと考えられる。

　表現の理解においては，「咳払い」をCDに収録する例でみたように「咳払い」の音声の記述を「歌う基準としての咳払いのふり」として「歌う」という記述に取り込む特定のやり方がCDを聞くものに「歌う」という活動の文脈についての理解をもたらしているように，表現の対象を時間や空間において一定に配置（デザイン）するやり方

が，その表現に描かれた活動を理解する文脈の構成要素となる。

そこで注目されるのは，これまで見たような表現の理解にともなう記述自身の内容と，そこに含まれる「歌」と「咳払い」などの区別のあり方だけではなく，表現の理解において実践されている，記述どうしの結びつきをもたらすやり方である。

このやり方に注目するとき，エスノグラファーが観察の場面で展開する現実の行為を記述する場合と同様に，表現に描かれている行為が，その表現に含まれる活動の記述間の結びつきの適切さについて参照する規範を，表現そのものの内側から分析することが必要となる。エスノメソドロジーの研究においては，人々が行為を実践するときに，記述どうしの関係を適切に区別する独自の「方法論」を持っているという想定において，そのような記述を実践することの適切さ自体が俎上に置かれ，次にみるようなカテゴリー集合をはじめとするアイデアによって，人々が実践する記述の適切さについて参照される規範の分析が行われてきた（前田［2008：36-39］，前田［2015］）。

以降では二節にわたって，複数の記述間の結びつきについて参照される規範としての「カテゴリー集合」と「行為連鎖」についてみていく。

■ カテゴリー集合とその一貫した適用

次のような映像表現の例（酒井［2010］）についてみていくことにしたい。

2009年，英国のある地方警察が，乗用車を運転中に携帯電話でメールを打つことの危険性を訴える公共広告動画を制作した。全体で30分ほどのこの動画は，当初英国内の教育機関に直接配布されたものだったが，何者かにより数分間のバージョンに編集されたうえでインター

1章 記述のもとでの理解とはなにか

ネットの動画投稿サイトにも掲載され、さらにはそのサイトを見た記者が情報をニュースサイトに提供するなどして、多くの視聴者を獲得することになったという。

インターネットに流通していた、全体で四分あまりに渡る動画は、以下のように構成されている。まず、女性三人が乗っている車両Aが走っていて、運転手を含む全員が携帯メールを打つことに興じている。車両Aがふらつき、対向車線に飛び出すと、走ってきた別の車両Bに正面衝突する。さらには、停止した二台の車両に向かって後から走ってきた別の車両Cが突っ込んでいく。それぞれの車両が衝突する映像の間ごとに、Aの車内の様子が映し出され、同乗者が激しい衝突の中で負傷・流血する様子が克明に描写される。

さらに後続する車両が沿道に停止する中で、一人の運転手が車両Aに駆け寄った後、彼の通報により警察が現場に到着し、場面は救助活動の場面に転換する。車両Cの運転手が治療を受ける場面の後に、車両Bでの様子が映し出される。

その後の場面は車両Aでの救助活動を追う形で進み、運転手がヘリコプターで搬送されていく様子が段階を追って描写されていく。

この動画に描かれた事故の映像は架空のものであり、特殊効果などで衝突の様子も再現されるといった部分は見られたが、制作関係者の発言などで示された制作の目的は「できるだけリアルにすること」であった。つまり事故が実際に発生したものであり、映像がまさしくその時の様子をそのまま記録したかものであるかのような理解を視聴者に与え、その理解によって運転中の携帯電話使用の危険性を啓発することにあったという[3]。実際の映像内容としても、映像を背景にした音楽などは少し入っているものの、ナレーションやテロップなどは一切入らず、視聴するものが当事者に近い位置から、事態が進行する形にしたがって、出来事を目撃していくような構成になっている。

例 1-1

カット	構図	発話
カット1 車両Bの車内		後部座席の女の子 「パパ，ママ，目を覚まして！（Daddy, Mammy, Wake up!）パパ，ママ，目を覚まして！」
カット2 幼児のクローズアップ		救助隊員と思われる声 「何の反応も得られないのですが…」
カット3 続けて 幼児の顔のクローズアップ		
カット4 再び 追突された車Bの車内		女の子が救助隊員に向かって 「ママとパパに目を覚ましてほしいの」
カット5 車両Bの運転席から見た他の車の様子		〈低いトーンの音楽が流れる〉

1章　記述のもとでの理解とはなにか

　この動画は，ネット上などではCassie Cowanという主人公の名前にちなみ「COW（ビデオ）」と呼ばれている。ここでは，このCOWの一場面に見られたある特徴をとりあげ，その特徴の考察を通じて，「カテゴリー集合」という規範を参照した理解について説明する。

　それは救助活動の場面で，車両Bの同乗者の様子が例1-1のような一連のシーンとして描写される中で見られた特徴である。

　COWにおける映像全体の中で，車両Bに乗っているものが映し出されたことは，これらのシーンの前にはなく，映像を見るものは，警察官が車両Cの車内の様子をうかがう場面の後で，画面が車両Bの方に転換したときはじめてその車内に誰が乗っているかを知ることになる。

　とりわけ注目されるのが，「反応が得られないのですが」という救助隊員とおぼしき人物（画面に後頭部が映る）の発話に重ねて幼児の顔がクローズアップされるカット2である。このカット2はカット1の女の子の発話の後に図に示した構図の形で画面に表れ，カット3でさらに，開かれたままでまったく動くことのない幼児の目を焦点にしてアップがなされていく後は，この幼児が登場する場面はこの映像中にはない。車両Bの様子が映される前後のシーンでも，この幼児がこれらの三名と同乗している場面がまったく映し出されることがない一方で，この幼児がカット2・3の中で画面の人物と同等の明るい光の中で映し出されていることから，この幼児が車には乗っていないことがわかる。

　したがって，厳密に考えれば，この幼児がどの車両に乗っていて，誰とどういった関係にあるのかを理解するのは，少なくとも映し出されている光景の中から確認するだけでは難しい。もちろん，幼児がチャイルドシートらしきものに乗っている様子から，一般に乳幼児用のチャイルドシートは座席から着脱してそのまま車外に持ち運べるた

め，Bの車両から運び出されたものと想像することはできるが，そういった描写も動画中にはない。カット1・4で車両Bの中に映し出される女の子も，「ママとパパ」のことを言うだけで，この幼児（との関係）については何の言及もしていないのである。その点からすれば，例1-1の前に映し出された車両Cの方から運び出された可能性も否定はできない。

 しかしながら，例1-1については，この幼児が車両Bの両親とその娘，つまりこの幼児の姉と後部座席に（チャイルドシートで）同乗していたと考えることは，この映像を見なくても可能であると思われる。

 実際，アメリカのある教育情報サイトに書いた記事の中で，このCOWについて育児中の両親に向けて紹介していた記者は，例1-2のような表現をもって，この映像についての自分が理解したことを述べている（酒井［2010］より一部改）。

例1-2

　　ビデオクリップを自分の赤ちゃん（baby）と見ていた時，チャイルドシートに収まって死んだように見える幼児（infant）と，前方座席の彼女の両親（parents）に対して「目を覚まして」と懇願するきょうだい（sibling）の姿にカメラがとどまり，私の眼には涙があふれた。

 この記者もまた，カット1に映る女の子を「きょうだい」と表現することで，車両Bに同乗していた「四人」を一つの家族を構成するものとみなしている。

 しかしながら，例1-2のように見る側の理解だけを述べたとしても，この映像そのものには，その「幼児」が車両Bの車内にいたもので，他の三名のものと家族の関係にあることが直接には表現に描かれてい

ないことには変わりないともいえる。

そこで考察が必要となるのは，例 1-1 の映像表現からそれぞれの人物における記述を，「家族」という結びつきにおいて構成するような理解の仕方である。具体的には，例 1-2 の文章に示されているように，例 1-1 のカット 2・3 に映っている人物にとって，カット 1 の男性が「親」となり，そしてカット 1・4 に映っている女の子が「きょうだい」となるような理解がどのように導かれるのかについて，考えていく。

そこで，以降では，そのような人物に関する記述の理解について考えるために，エスノメソドロジーにおける「カテゴリー集合」（Sacks [1972b]）という，日常的なコミュニケーション（相互行為）の場面で参照される規範の分析を参考にする。

すぐ前に述べたように，例 1-2 では，カット 1 の人物を「親」（両親），カット 1・4 に映る人物を「きょうだい」とする表現が見られていた。

そうした表現では，人物をあるカテゴリーとして記述することによって，その人物がどのような行為をしているのかという理解が導かれている。たとえば，「親子」として記述された人々の間では，「親が子どもの面倒をみる」，「子どもが親に対してお願いをする」といった理解がなされる。

例 1-2 では，映像上の人物を「親」や「きょうだい」というカテゴリーを用いて表現（カテゴリー化）している。この記述を通じて，「きょうだい」とカテゴリー化された人物がカット 1 のところで「目を覚まして」といいながら，「親」とカテゴリー化された人物に向かって「懇願する」（pleading）という理解が導かれている。同時に，例 1-2 では，カット 1 として映像上に表現されている，女の子が「目を覚まして（Wake Up）」と発言する様子が，「命令」といった行為では

なく，子どもが「両親に対して懇願する」という行為として理解されていることが確認できる。

例1-2についての以上の考察は，そのまま例1-1における映像上の表現に対する特定の理解の仕方にも向けることができる。それは，ある人物に対して，カテゴリーとして記述をする（カテゴリー化）と同時に，その記述のもとで，その人物によってなされる行為についての理解を導くような，理解の仕方である。

この理解の仕方について特徴的なのは，こうしたカテゴリー化を通じて，これまで見たような「親子」という記述において，カテゴリーで形成される集合（カテゴリー集合）が参照されていることである。さらに，このようなカテゴリー集合の参照による理解は，適用規則という特定の規則にしたがった現実の相互行為における理解の仕方として，エスノメソドロジーの視点から研究されている。この適用規則について，エスノメソドロジーによる研究のオリジナルな事例を用いながら詳しくみてみよう（Sacks［1972b］）。

まず，二歳の女の子が語った，次のような発言が取り上げられる。
「赤ちゃんが泣いたの。ママがだっこしたの」

ここで注目されるのは，この発話にある二つの文章について，二つの出来事が，人物の記述を通じて，まとまりのある出来事のように理解ができることだ。つまり，この発言からは「赤ちゃんが泣いた」ことに対して，たまたま通りかかったどこか別の家の主婦でもなく，ましてやスナックのママなどでもない，その「赤ちゃん」と同じ集合において「そのママがだっこした」という理解が導かれる。そして，この「赤ちゃんとそのママ」としてカテゴリー化される人物を単位（ユニット）として（フランシス＆ヘスター［2004＝2014：70］），「泣いたのでだっこした」という行為もまた記述間の結びつきをもつ。

このような人物とその活動の記述として，カテゴリー集合が人物に

1章 記述のもとでの理解とはなにか

適用される場合の規則が，適用規則と呼ばれるものである。この2歳の女の子の発言で適用されている集合とは，|赤ちゃん，ママ|によって構成される |家族| となる。

こうした集合の適用として理解の仕方を考えるときに重要なのは，この例の場合，［赤ちゃん］と［ママ］という二つのカテゴリーそれぞれに対して，|家族| という同じ集合が適用されているという規則を参照した理解がなされていることである。こうした理解の仕方は，ある人々に対してカテゴリー化をしたことによって適用されるカテゴリーの集合が，一つだけであるとは限らない（むしろ一つであり得ない）ことに裏付けられている（Sacks［1972a＝1989］）。たとえば，ある人物に［赤ちゃん］というカテゴリー化をした場合，それとともに他の人物に［大人］や［青年］といったカテゴリー化をすることによって，|人生の段階| という集合が適用される場合がある。

それに対して，この適用規則によれば，一方に対して［赤ちゃん］というカテゴリーにより |家族| という集合を適用した場合，他方の人物に対しても［ママ］というカテゴリー化を行うことで，|家族| という同一の集合が適用されるはずとなる。このように一貫した集合が適用されることは，とくに一貫性規則と呼ばれる。

こうした一貫性規則を通じて，同一の集合が適用されることにより，「赤ちゃん」と「ママ」は「赤ちゃんとそのママ」であるという記述のもとでの理解が導かれる。これに対して，もしこのときこの二人以外の人々がいて，その人々に対する［青年］や［老人］といったカテゴリー化とともに，この二人にそれぞれ［赤ちゃん］と［大人］という |人生の段階| 集合が適用されるのであれば，特にこの二人だけによって構成される集合が適用されない可能性が生じる。

こうした集合としての特徴を持つ人物およびその活動の理解の仕方は，一貫性規則を通じたカテゴリー集合の参照という理解の仕方とし

て定められる。そして、こうした参照は文章などの表現を理解する場合にも実践されている。先の例1-2の文章でみたように、この記者は例1-1の映像について、[幼児] というカテゴリー化とともに、[きょうだい] そして [両親] といったカテゴリー化を行っている。ここに一貫性規則を通じて、最初の [幼児] というカテゴリーが、[両親] そして [きょうだい] とともに ¦家族¦ という集合を参照していることが示される。

　そのうえで、元の映像である例1-1における理解の仕方を考察すると、カット1の「ママ」「パパ」といったカテゴリー化をともなう発言から、一貫性規則を参照することによって、カット2・3の人物は、¦家族¦ と同一の集合を適用されるはずの対象となる。だからこそ、[幼児] がどこにいる誰なのかを確認することができなかったとしても、この映像を見るものは、例1-1に映る人物と一つの車に同乗している「家族」という記述のもとでの理解を導くことができる。

　カテゴリー集合と一貫性規則を、さらにより積極的な形で表現を理解するプロセスと関わらせてみると、例1-1の映像表現を見る（受け手）側や、例1-2の記者のように、他の人に映像の内容を伝える場合などに、映像表現の中でカテゴリー集合を参照した記述のもとで表現の理解を実践するプロセスを想定することができる。

　このプロセスについては、詳しくは次章でみることにするが、例1-2においても、記者がなぜわざわざ「一緒に見ている」ものとして「自分の赤ちゃん」のことを文章で先に言及するかといえば、それは一貫性規則を通じて、例1-1の映像中に表現された [幼児] と、目の前にいる [赤ちゃん] が、¦家族¦ という同一の集合を参照することにおいて、記述として相互に関係するという理解を導くためである。そして、その関係にしたがった映像についての理解を文章に表現することにより、記者はただ一般的な立場として、¦人生の段階¦ とし

1章　記述のもとでの理解とはなにか

ての［幼児］の死に涙するのではなくなる。つまり，自らを［赤ちゃん］とともにいる［親］としてカテゴリー化しながら，そうした「家族」としての記述のもとで，「子の死」について「涙」していることを読者に理解させている。

　以上の例から，表現の理解において，現実の相互行為として実践されているような，カテゴリー集合を参照した記述間の結びつきがあり，さらに表現の受け手が，カテゴリー集合の一貫性規則を通じて，現実にいる人々との関係を，同一のカテゴリー集合を参照しながら理解する実践を示した。このようにして，カテゴリー集合の参照は，人物のカテゴリー化という記述のもとで，人物の関係についての理解を導く。

■ 発話を通じた行為連鎖の参照

　もう一つの規範は，人々によって話される言語（発話）をともなう活動の記述について参照されるものである。

　「行為連鎖」と呼ばれるこの規範は，発話をともなう人々の活動の記述間の関係において，対（ペア）として行為の構成を通じて参照される。次の例 1-3 のようなマンガにおける発話について確かめていくことにしよう。

　例 1-3 では，一人の女性がまったく同じように「スイマセーン」と発言していても，2 コマ目までと，3 コメ目では違う理解をもたらしてしまっている。その違いは，次のようなペアの発言について表すことができる。

　　相手による質問→女性による応答

　つまり，2 コマまでの女性による「スイマセーン」の発話は，相手による「質問」の発話を受けた「応答」としての女性による発話とい

うペアを構成するような形で行われている。このようなペアは「隣接ペア（adjacency pair）」と呼ばれ，先に位置づけられる発話として構成されるものを第一対成分，それを受けた発話として構成されるものを第二対成分といい，隣接ペアは基本的にそれらが隣り合った位置で生じ，それぞれを異なった話し手が発話することによって成り立つ。

　このように異なった話し手が発話によりペアを構成することは，「自分が第一対成分を発したなら，相手はすぐ次に，対応する第二対成分を発する」（串田［2010：21］，傍点筆者）という活動の結びつきや，「自分の発言は，相手の発した第一対成分としての発言に，第二対成分として対応するようになされる」といった活動の結びつきについての理解をそれぞれに導く（シェグロフ＆サックス［1972＝1989］；Sacks et al.［1974＝2010：53］など）。

例1-3（秋月［1991：39］より）

　そして，こうした理解は，ペアとしての発話の構成を通じて，それぞれの発話における活動が「質問」や「応答」として記述されるという理解と表裏をなす。例1-3の3コマ目の発言は，そうした活動として

の記述をともなわないという意味で,ペアとしての行為の理解を生じるうえでのトラブルとなる。そのトラブルは,相手による発話を第一成分とした形で,女性が「スイマセーン」という発話を第二対成分として構成していないことによって生じている。このとき,3コマ目の様子を額面どおりに見れば男性が「あのね」と発話しているのにもかかわらず,4コマ目で同じ男性により「まだ何も言ってない」という言い方がなされているのは,発話による活動そのものレベルとしてではなく,ペアとして構成された活動としての「行為の記述」が成立していないことによる。

そして,その活動の記述のもとでの理解とは,

　相手による注意→女性による謝罪

にみられる[注意―謝罪]という形をもって,「質問」と「応答」とそれぞれによる隣接ペアとしての発話構成の成立によって導かれる。マンガにおいても,例1-3の2コマ目までは,注意があっての謝罪であり,謝罪があって注意があるというペアとしての構成が記述された上で,3コマ目ではその記述が生じないところでトラブルが生じていることを示すものとなっている。

このように「謝罪」という行為の理解は,「スイマセーン」という単独の発話によってではなく,隣接ペアをなす二つの成分としての発話が構成されたうえで,その構成が[注意―謝罪]という行為としての関係を参照することによってはじめて導かれる。このような発話にともなう活動の記述間の結びつきについて,行為としての理解を導く際に参照される規範を,エスノメソドロジーにしたがって本論では「行為連鎖」とよぶ(フランシス&ヘスター[2004=2014:109-110])。

つまり行為連鎖とは,発話を通じた行為の記述についての理解を導

くときに参照されるものであり，人々は行為連鎖の参照によって，それぞれの発話をともなう活動の記述が，活動の順序における適切さや行為に対する資格のふさわしさなどについてお互いに結びついている，という意味での，記述のもとでの理解を導いている。

ここで行為に対する資格のふさわしさというのは，その行為にたずさわる人物が，その行為に対してもつ関係を示す。例1-3で4コマ目の背景にいる人々が，女性に皆が白い目を向けているように読み取れるのは，それまでの女性が「謝罪」という行為に十分な資格をもって（真剣に）たずさわっていなかったという理解が，行為連鎖の参照とそのトラブルによって導かれているためである。

そして，順序における適切さとは，これまでエスノメソドロジーが行為連鎖の参照という視点から中心的に探究してきたものである。ここであらためて，例1-3の4コマ目で男性が「まだ何も言ってない」といっていることに注意しながら，その視点を確認してみる。

これまでの話をさかのぼれば，それぞれの発話における活動の記述が行為として理解される場合，行為連鎖が参照されており，さらに行為連鎖が参照されるときには，それぞれの人による発話は隣接ペアを構成する。

そして，発話がペアとして構成されるには，それぞれの人による発話が，発話としての単位をなすように実践される必要がある。この実践に関連して，実際に日常における会話を観察して得られた基本的な事実からは，次のような特徴が示されている（Sacks et al.［1974＝2010：16-17］，小宮［2007b］なども参照）。

1　一人ずつが話すということが，圧倒的に多い。
2　複数の人が同時に話すということは，短い間に行われる。
3　ある人が話してから別の人が話すとき，長い切れ目や重なりが

1章 記述のもとでの理解とはなにか

生じたりしないのが，普通である。

　これらの特徴が何に関係しているかといえば，それは，「話し手の交替（順番交替）がある」ということだ。つまり，ある人が話しているとき，他の人（相手）はそれを聞き，別の人（相手）が話し手になったら，今まで話していた人が聞き手になる。このことにより，ある話し手による「発話1」，そしてその後に次の順番が来る「発話2」といった形で，個別の発話についての単位がもたらされる。本論がこれまで「発話」と呼んできたものは，単に話された言語であるだけでなく，このような順番交替に関わる単位（順番構成単位）にしたがって理解される発言を意味する。

　例1-3の3コマ目で男性が「あのね」と発言しながらも，4コマ目で「まだ何も言ってない」という表現がなされており，それが読み手にも理解可能なのは，男性による実践として，隣接ペアを構成するような発話の単位をなす形での発言が完了していないからである。さらにその状態において，3コマ目で女性が「はあいスイマセーン」という発話を実践することは，まだ男性の発話が完了していない状態で「割り込み」をしたという，発話上のトラブルとしての理解を導く。同様に，「はじめに」のところで考察したような咳がひどくて発言ができないような場合もまた，このような発話が単位にしたがった理解を導くことに対しての発話上のトラブルとして位置づけられる。

　ところで，日常における会話のような，発話を通じた行為を行う人々にとって，以上のようなトラブルとしての理解を生じずに発話が単位として構成されるように実践されるためには，ある発話に対する次の発話の順番を誰が取るか（順番取得）ということが，行為を実践するその場で明らかにされる必要がある。このとき，順番取得のやり方としては，自分から発言をとろうと思う人が，自分から次の話し手

になること(自己選択)と,現在の話し手が次の話し手を選ぶ,すなわち現在の話し手から次の人が選ばれる(他者選択)という二つがあり得る。

エスノメソドロジーでは,この順番取得が適切に行われるときのやり方として,通常は他者選択が優先されるように発話がなされることなど,それぞれの発話が産出される実践のレベルについての詳細な分析が行われている。そうした研究は特に会話分析と呼ばれるが,ここで会話分析の詳細には触れず,発話をともなう活動の記述についての理解の仕方を分析する研究として位置づけるにとどめる。そのうえで注目したいのは,会話分析が焦点とするような発話レベルの実践が,行為連鎖の参照を通じて,人々がたずさわる当該の行為が適切に行われているという理解を導いていることである。逆に発話上のトラブルとしての理解を生じる,例1-3での「スイマセーン」という発言に対して,4コマ目で周囲の人々が白い目で見ているように,「あの人は真剣に謝っていない」といった行為としての理解が導かれるのは,ここに生じた発話上のトラブルが,[注意—謝罪]という行為連鎖の参照をするにあたっての理解のトラブルに派生しているためといえる。

■ トラブルの理解と修復

前節では行為連鎖を参照した表現の理解の仕方があることを示したが,ここで想定される一つの疑問を挙げてみよう。それは,発話をともなう行為を理解することに,なぜ特に発話をペアとして構成することが(分析的に)関わると考えられるのか?という疑問だ。さらにメディア上の表現としては,ドラマの脚本やマンガのネームなど,あらかじめ想定された順番にしたがって発話が構成されている。そうである以上,その構成にしたがって理解するとき,例1-3のようにマンガ

1章　記述のもとでの理解とはなにか

のネタ（オチ）として描くような特別な目的でもない限りは，そうしたトラブルは本来表現として生じ得ないともいえる。これに対して，現実の会話では，そういうトラブルは頻繁に起こり得るし，一つ一つがきちんとペアをなすような「お行儀のいい」会話は，面接などのごく限られた場面でしか想定しにくいものである。そこから，表現と現実においてそれぞれになされている発話を同等に扱うことはできないと考えることも可能かもしれない。

この疑問に対して，例1-4に見られるような，現実の会話についてのトラブルを考察した会話分析の研究例から考えていくことにしたい。

例1-4
1　A：佐藤さんに会ったのは昨晩が初めて？
2　B：誰にですって？
3　A：佐藤さん．
4　B：いや，昨晩は佐藤さんには会ってません。鈴木さんです．

例1-4の1行目におけるAの発話は，「質問」という，隣接ペアの第一対成分として構成されているが，2行目でBによる発話が，1行目への第二対成分としての「答え」ではなく，新たな「質問」としてなされることにより，まだペアとして完結せずに「保留」されている（串田［2010：23］）という理解が導かれる。ここで注目されるのは，2行目でBがその保留を質問という活動の記述について，実践していることである。つまり，1行目で言及されている人物を特定できないというトラブルの発生を受けて，Bが2行目でAの発言内容についての質問を第一成分として構成することにより，1行目の質問を保留することが可能になっている。

そのうえでさらに，4行目でBが1行目での質問に対するペアとな

る発話を産出することによって，1行目でのAの発話に生じたトラブルが修正された形で，Aの質問に対するBの答えが適切になされたという，行為連鎖を参照した理解が導かれる。

こうした発話上のトラブルを，特定の行為連鎖を参照しながら場面において明らかにするというやり方は，エスノメソドロジーにおいて，「修復（repair）」という特定の行為実践として扱われている（小宮［2007d］）。

この実践をエスノメソドロジー研究として初めて取り上げたE.シェグロフらの研究（Schegloff et al.［1977＝2010］）によれば，修復の対象としては何らかの「誤りの訂正」がある場合を含むものの，こうした実践の遂行は特に誤りという事実に依存しているわけではなく，また，先に言ったことを詳しく正確に言い直すなど，特に何かが何かに置き換えられる場合に限られていない。その研究で挙げられている「言葉探し」という，ある順番の発話において，発話者が適切な単語を言いよどみながら示していく例では，特に「誤り」や「置き換え」が起きているわけではない。

つまり，人々が会話をするにあたって何らかのトラブルを扱うとき，エスノメソドロジー研究は，この実践を，何らかの事実（との相違）にもとづく行為としてでなく，何らかの「修復」されるべき対象がある，あるいは実際に「修復」をしているという行為の理解を，発話をともなう活動の結びつきによって導くやり方としてとらえる。たとえば，「どこから修復が始まり，どこでそれが終わるのか」という理解を導くとき，すでに見た例1-4では，2行目での質問による1行目への回答の保留が，1行目での活動と2行目での活動の結びつきについて記述される。これにより，「誰か」を特定することに修復されるべきトラブルがあるという理解が導かれ，このような理解により，例1-4の2行目の発話が「修復」という文脈における「開始」であると

1章 記述のもとでの理解とはなにか

する理解をさらに導く（小宮［2007d］）。

　以上において，「修復」における保留や開始といった理解が行為連鎖を参照しながら実践されていることが確かめられるだろう。2行目の発話は「トラブルを特定する質問」という記述のもとで，行為連鎖を参照しながら3行目における「回答」と結びつき，3行目についての「修復の操作」という理解を導く。

　そして，行為連鎖の参照による修復は，トラブルを生じた発話を行った人自身による修復（自己修復）が優先的に行われる機会をもたらす。たとえば言葉探しの場合は，自己開始に対する自己修復として完結する。これに対して，例1-4のように，1行目で修復されるべきもの（トラブル源）をもつ発話を行ったAではない，Bによって修復の開始が行われている（他者開始）場合においては，例1-5のようにトラブル源の発話者以外が修復すること（他者修復）がなされる可能性がある。

例 1-5
1　A：佐藤さんに会ったのは昨晩が初めて？
2　B：佐藤さんじゃなくて鈴木さんですね．初めてです．

　ところで，日常の会話を分析した事例からは，他者修復は，あまり行われず，非常に制約された場合になされることが示されている。こうした分析が示しているのは，咳や言い間違い・聞き間違いといった事態が実際にトラブルとなることが，こうしたペアによる発話の構成と，それを通じた行為連鎖の参照によって理解可能にされているという点である。

　ここで前節に示した記述と文脈の関係を思い起こせば，「修復」という実践において，発話を伴うそれぞれの活動の記述が，行為連鎖を

参照しながら結びつきを示すことによって，それぞれの時点において行為が行われる状況の理解を導いていることが注目される。つまり，例1-4の2行目において，質問が保留された状況という理解は，行為連鎖の参照により1行目に対してペアとなる発話が「まだ示されていない」という記述について導かれているものであり，そのようなやり方（技法，Schegloff ct al.［1977＝2010：214］）により，あくまで会話の進行上の機会を通じてトラブル源を特定しつつ，同時にその修復を（他者修復として）開始するという状況の理解がさらに導かれている。

したがって，行為連鎖の規範に分析的に注目することは，行為とその状況をこのような技法によって構成されているものとして扱うことを意味する。同時に，こうした技法は，機会として選択されない可能性をもつ一方で，会話を理解し，それを行為として表現する際には，日常の誰もが行うことのできる技法でもある。

この点を確認したうえで，こんどは表現上での実践として，次の例1-6に示すある CM の例を見ていくことにしたい。

例1-6では，1行目の前に E によってなされた注文に対して，1から2行目で C が注文の確認としての質問をしているその直後に，3行目には E ではなく D の発言がなされるというトラブルが生じている。

例1-6

1　店員 C：《客 E に向かって》オーダーおうかがいします．鍋
2　　　　　料理三人前ですね．＝
3　店員 D：＝はいよろこんで．
4　　　　　　　　（1.0）
5　店員 C：ちょっと新人なんで，言うタイミング早すぎましたね．
6　店員 D：三名様入ります．
7　店員 C：(0.2) もう：：入ってますよ．
8　店員 D：《客 E に向かって》ポテトはいかがですか＝

1章　記述のもとでの理解とはなにか

9　店員C：＝ホットペッパーのクーポンお持ちなんですね．

　ここで注目されるのが，4行目での沈黙の後，5行目においてCがする「（Dが）ちょっと新人なんで，言うタイミング早すぎましたね。」という発言である。この発言は，Dによって順番が先に取得されたことで，本来ならば2行目までのCの発話の後に来るべき発話が失われてしまっていることを「タイミング早すぎ」という表現とともにトラブルとして特定している。その特定において本来のものとして参照されているのが，Eによって順番を取得される発話がCの「質問」に対する「答」を構成する形をとる発話の結びつきである。その結びつきについて，あらためて例1-7のような本来の会話を想定したうえで確認してみよう。

例1-7
1　　客E：《店員たちに向かって》すみません，，鍋三つ．
2　　店員C：オーダーおうかがいします．鍋料理三人前ですね．
3　　客E：はい，お願いします．
4　　店員D：はいよろこんで．

　例1-7では，1行目と4行目がペアとなり，［注文―受諾］という行為連鎖を参照する。このとき，2行目と3行目のペアは［確認―了承］という行為連鎖を参照している。ところで，1と4行目という離れた位置にある発話が結びつくことは，例1-4によってすでに見られている構造である。すなわち，例1-7での2と3行目のペアは，例1-4における2と3行目のペアと同様に，先に行われている行為（例1-7の場合は注文）を保留することを，質問によって実践しているものとみなせる。

このような実践がどのような経緯からなされているかを考えた場合,さらに例1-8のような形での,通常の飲食店における注文としての行為が想定できる。

例1-8
1　店員：オーダーおうかがいします．
2　客　：鍋三つ．
3　店員：はいよろこんで．

飲食店の注文では通常,注文に入る前の段階があり,その段階において店員が「指揮権（directorship）」をもつことが多く見られている（Richerdson & Stokoe [2014]）。すなわち,例1-6の6行目でも見られているような,店員による人数の確認にはじまり,一定の条件が揃ったところで店員が「オーダーおうかがいします」という形で「指揮権」を取ることを前提に注文に関するやりとりが開始される。こうした「指揮権」は多くの場合,店員が質問をし,客がそれに答えるという発話の順序にしたがっている。

これに対して,必ずしもそのような「指揮権」にしたがわない形で顧客が先にオーダーをしてしまう状況が生じることがある。このとき店員が,すでに顧客によって与えられた情報を,例1-7の2・3行目に見られるような質問と答のペアを通じて「確認」することで,そのまま指揮権を立て直すような例が見られている。

これまでの考察によって示されるのは,発言をそのつどペアで構成するような形で,行為連鎖を参照しながら理解を導くことは,特にメディア上の表現に固有のものではなく,例1-4で見た現実の会話におけるトラブルの修復場面のように,いきなり客による注文から開始されるか,あるいは店員による確認から始まるかといった状況に対応し

た理解を導く場合に見られるものである。

　発話をペアとして構成することは，現実の状況と，メディア上に表現された状況との別にかかわらず，トラブルの修復において典型であるように，複数の人々がやりとりを行う状況に適切な形で協同して対応する場合に実践される。このとき，状況における行為の適切さ（の理解）は，ペアとして構成される発話（をともなう活動）の結びつきとして，人々が協同する特定のやり方の中で産出される特徴を持つ。このような理解の協同産出的な特徴を称して，エスノメソドロジーでは理解（可能性）の「達成」（フランシス＆ヘスター［2004＝2014：69］）と呼ぶことがある。

　ところで，例1-6では，3行目での「はいよろこんで」というDの発話が，5行目のCの発話によりトラブルとして特定されていた。この場合，トラブルはこの後で特に行為連鎖を参照した形で修復されているわけではない。このことは，例1-3の4コマ目で男性が「まだ何も言ってない」という発話でトラブルを特定しているのと同様に，発話上のトラブルに対して必ず行為連鎖を参照した「修復」が実践されるわけではないことを示している。これまで見たように，Dの発話のトラブルとは，注文を受ける店員としての指揮権を回復するうえでなされた，ペアとしての発話の構成についてのトラブルなのであった。発話をペアで構成することもまた，状況に特定した経緯の中で行われる理解の達成のために実践されるものであって，特に例1-6がCMとして行われている会話であることを背景としているわけではない。

　つまり，例1-6はCMであるからといって，現実の会話とまったく異なる表現の技法を独自に作り上げながら行為の理解を導いているわけではない。たとえば，注文における「指揮権」の確保といった，現実の行為と同様の行為連鎖を参照した記述のもとで理解が導かれている。

■ 表現における理解の産出

　本章ではこれまで、記述のもとでの理解について分析するにあたり、「カテゴリー集合」と「行為連鎖」の参照が、現実の相互行為についてなされるのと同様な形で、メディア上の表現でもなされていることを確認した。「カテゴリー集合」は、行為をする人物（の記述）の関係を理解する場合に参照されるのに対して、「行為連鎖」は、発話をともなう活動（の記述）の関係を理解する場合に参照されるものであった。

　以降の章では、実際に見られるメディア上の表現を対象に、表現を理解する際に、主に「カテゴリー集合」と「行為連鎖」の参照によって導かれる、記述間の関係を分析する。このような観点による分析は、人々が理解を行うための仕組みを取り扱うという点で、人々の知識の構造を対象とする分析としてもとらえることができる。

　そのような知識構造を分析の対象とする認知心理学では、例 1-7 で見られたような飲食店における日常的なやりとりについて、例 1-9 のように「レストラン・スクリプト」と呼び「理解の枠組み」を探究する対象の一つとして位置づけている（道又ほか ［2011］ など）。

　このような知識とその構造化（スキーマ）が、行為を行う人々の頭の中に存在すると想定することで、表現の理解の仕方を説明することは、従来のメディア研究においても見られている。たとえば言説分析の研究として、T. ヴァン・ダイクは、このような認知の構造を想定したうえで、新聞記事が特定の知識を優先的に活性化するような構造を有していることを、スキーマとの関連について説明している（van' Dijk ［1998］）。そこからカテゴリー集合についても、このような知識の構造化を前提とした認知カテゴリーの一種のようにとらえられる可能性がある。

例1-9　レストラン・スクリプト（辻［1997：48］より）

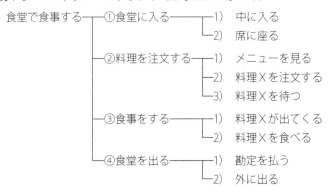

　しかし，こうした分析枠組みと，本書がこれまで見て来た記述の
もとでの理解についての分析が，決定的に異なる点は，前者におい
ては，さまざまな知識を個人があらかじめ頭の中に備えており（内面
化），それを表現されたものに照らし合わせることで理解が成り立つ
という考え方が前提となっていることだ。この前提においては，理解
のトラブルとは，表現された行為に対して，個人の知識と照らし合わ
せながら行為の意味を一つに定めることができないという，個人の知
識構造の問題として一般化される。

　このような前提への反論は，エスノメソドロジー研究がその対象を
個人の心理ではなく，相互行為におくことの理由とともに，さまざ
まな研究の中で示されている（フランシス＆ヘスター［2004＝2014］）。
詳細はそうした研究に譲るとして，少なくともその前提が成立しな
いことは，すでにトラブルの特定の仕方で見てきたように，理解の
問題が「場面ごとのそのつど的（occasional）」（フランシス＆ヘスター
［2004＝2014：13］）なものであることによって説明できる。つまり，
表現された行為に対して，行為連鎖を参照しながら，場面ごとのその

つどの状況において特定されたトラブルが理解として導かれているのであり、心理や制度といった形で状況から切り離された形で（文脈外で）措定される理解は、そのまま行為から切り離された理解となってしまう（フランシス＆ヘスター［2004＝2014：44］）。

そして表現の理解とは、現実の行為の理解が行為連鎖を参照しながら協同的に達成されるのと同様な意味で、表現における記述間の関係にしたがった協同的な行為の産出により導かれる。すでに見たように、例1-1の映像に登場する女の子による「目を覚まして（Wake Up）」という発話が、例1-2のところで「命令」ではなく「懇願」として理解可能なのは、その発話が、［子ども］により［親］に向けられた発話として、カテゴリー集合の参照による人物の結びつきにしたがって構成されているからであった。このようにして、表現における行為は、場面ごとのそのつどの状況について理解可能な活動として産出される。

以上の前提により、本論は前章で示したような下記の特徴をもって、メディア上の表現を考察することをあらためて確認しよう。

1　表現として描かれたもの（記述）に即した理解を対象とすること
2　1を、記述上の概念にしたがってなされる理解の仕方として分析すること
3　2は現実場面で実践されている理解の仕方でもあること

[注]
（1）　しかしながら、前田［2015］において指摘されているように、このことは意図によって記述の結びつきを判断することが不可能であることを示すのではなく、むしろ、「意図（動機）」のほかに、「知識」や「能力」を帰属するという概念において、複数の記述どうしが結びつけられる可能性を示している。しかしだからといって、意図が記述されなければ行為が記

述されない,ということには決してならない。
（2）　このことはちょうど,音声や映像などを記録するメディアを使ってエスノグラファーが観察を行った場合に,そのメディアに収録された人々の行為が,記録されたこと自体によってそのまま記述として成立するのではなく,あくまで記録されたものを理解するための方法論をともなうことで記述が成立するという関係と表裏をなすように考えられる（前田［2015］）。
（3）　この例に限らず,ヨーロッパ諸国では交通事故防止の公共広告映像が多く制作され,一般のテレビでも放送されている。その内容は,ダミー人形を使った衝突実験の映像などではなく,特殊効果による生身の人間の映像を用いながら,自動車事故によって被害者がどういった衝撃や負傷を負うのかが,事故の様子などとともに再現されるなど,かなり衝撃的な内容が多い（金子［2000］など）。

2章 マスメディアは伝え方を操作しながら事実をねつ造しているのか

■「事実と嘘」

まず実際に放送メディアの制作現場でよく見られるという,次のような例をきっかけとしながら,以下に本章での問題を示したいと思う.

> 時の人などのところへ出かけてのインタビュー。ニュース番組の中によく組み込まれる録画映像です。質問に熱心に答える取材相手の話の合間に,時折うなずきながら聞いているアナウンサーの顔が挿入されます。(中略) うなずいているアナウンサーの顔や質問する顔の映像は,インタビューのあとで撮られたものです。つまり,嘘の映像です。

これは1993年にあるドキュメンタリー番組が,や・ら・せ・を行っていたとして新聞などから糾弾を受けたことを糸口に,テレビプロデューサーの今野がや・ら・せ・とは何かを考えるために,実際の制作現場で行われている慣習の一例を紹介した文章である(今野 [2004])。彼は,これらの例を挙げながら,や・ら・せ・の問題について,新聞や視聴者が一般的に主張するような,「ありのままの映像を放送する」という理想に対して,この例に類した演出が制作現場では日常的に行われている実情を訴えている。そして,こうした演出であれば多くの視聴者はや・ら・せ・とはせず,必要な演出と認めるのではないだろうか。さらにもし認め

2章 マスメディアは伝え方を操作しながら事実をねつ造しているのか

られるというなら、ではどこまでがや・ら・せ・ではなく、演・出・として許されるのか、と続けて問う。

　この問題を、「客観的事実と演出」という図式でとらえるとき、「メディアが嘘の事実を作り上げている」こと、つまりメディアのや・ら・せ・があるのか、あるいはそれが是か非かといった、私たちになじみになった対立図式が現れてくる。この対立について、そのどちらを取るべきだろうか、あるいは程度の問題として、伝える内容に演・出・を加えることがどこまで許されるだろうか——本書ではその問いに直接答えるよりも、むしろ、や・ら・せ・とみなしうるかどうかとは別に、ひとまず報道番組の制作において演・出・という行為が一般になされていることを一つの前提としてとらえることからはじめたい。つまり、演出をメディア上の表現の一部としてとらえ、制作者および視聴者がそうした表現を通じてある出来事を「事実」として理解するという実践が、どのように行われているのか、について問うてみることにしたい。(1)

　まず次の有名なメディア研究の例を見ながら、この課題について詳しく述べていくことにしよう。

　1951年４月、国連軍事司令官の任を終えたダグラス・マッカーサー元帥の帰国パレードがシカゴで行われた。このもようはテレビ中継され、彼を歓迎して押し寄せる群衆が車道に押し出され、パレードの列になだれ込むように押し合いへし合いしている様子が映し出されるなど、その熱狂ぶりを伝えていた。

　しかしながら、研究のためにこの街頭の様子を観察していた調査者は、群衆が車道にはみ出し、パレードの中に割り込んでいた瞬間のできごとについて次のように報告していた。

　　　彼を見ることができた者はごくわずかだった。彼が通り過ぎて数秒後、ほとんどの人が肩をすくめ、隣にいる人たちにこのよう

なことをいうだけだった。

「これで全部？」「あれだけだよ」

「ちぇっ，マッカーサーは映画で見たのと同じだ」

「さあ何をしようか」

（ラング＆ラング［1953＝1997：45］）

　沿道で交わされたこうした会話場面をはじめとして，熱狂よりも失望の様子が多くの人に見られ，現場の沿道の盛り上がりも熱狂的と呼べるものではなかったという。

　この研究（ラング＆ラング［1953＝1997］）では，この観察と合わせて，パレードのテレビ中継の内容分析が行われた。テレビ映像は40分の間元帥の姿を中心にとらえながら，この英雄とパレードを見物する熱狂的な群衆の間に繰り広げられた劇的な光景を提供していたという。そうした光景の提供に重要な役割を果たしたのは，巧みなカメラワークによる中継技術やコメンテーターによる解説に加えて，元帥が登場しない場面に挿入された，パレードを待ちわびる群衆を俯瞰してとらえた映像や，その中にいる観衆，行政関係者，そして混乱を懸念する警察関係者へのインタビューなどであった。

　この研究を紹介した教科書（藤竹［1979］）などにもあるように，このパレード中継の例は，テレビがオリジナルな（客観的）事実に対し，テレビ独自の視点で別の「事実」を構成するという，いわゆる「疑似環境」を示すものとして，他の報道に関する研究などとともにしばしば取り上げられていた。

　一方，近年のニュース研究においては，いわゆるニュース番組として固定した枠組みからではなく，その多様な解釈過程に密着しながら分析する傾向が見られる（伊藤［2006：10］）。こうした傾向は，たとえば政治的なニュースを「娯楽」として楽しんだり，逆に生活関連の

2章　マスメディアは伝え方を操作しながら事実をねつ造しているのか

ニュースを「警告」として深刻に受け止めるような，受け手による解釈過程に注目した上で，解釈が番組内容の構成の仕方によってもたらされることを強調する。そして，伝達内容を語りやテロップにおける詳細な言語表現（モダリティ）に分解しながら，それぞれの関係から生じる解釈過程を分析する手法がとられてきた。

　さらに，こうした研究の傾向は，いわゆる「疑似環境」として，本来の事実とは関係がない形で，ニュースの構成そのものによって，社会的な意味が構築される点を問題とする。近年の例では，東日本大震災後の社会不安や政治の機能不全といった理解をニュースがもたらす過程が研究されている（伊藤編［2015］など）。

　しかしながら，本書では，メディアがこうした理解を構築すること自体の是非を，一般的にいわれるやらせなどの意味を含めて，人々の現実認識をゆがめるものとして直接問題とすることはない。これに対して，本章は報道の表現における記述のもとで，「事実」としての理解がどのように導かれるのか，それ自体を問題とする。

　そのように視点を転換する理由について簡単に述べよう。すでに見たように，パレード中継の研究では，テレビ中継が描いていた熱狂ぶりとは対照的に，実際に沿道でパレードを見た人からは失望が表明された，という観察がなされていた。このことは，もし中継が全くの「現実」としてパレードを報道することだけに徹した場合，同じような失望が視聴者にもたらされる可能性を示している。この点について，2007年におきた健康情報番組のねつ造問題を背景に，番組制作者であり映画監督でもある是枝裕和は，次のように述べている。

　　だって何の演出もほどこされていない街頭インタヴューが面白いことなんてあります？　単純に"仕込み"自体を批判する放送評論家にはそのことを僕は問いたい。じゃああなたたちはそんな

街頭インタヴューが本当に観たいのですかね？と。
(是枝［2007：7］)

　メディアの制作に関わるものには，何をもって伝えるべき出来事とするのかという点と同じくらい，人々に対して伝えている「事実」がいかに受け取られているかが，重要な意味を持っている。是枝は，この問いとともに，取材者が対象に何らかの演出を仕込むことの必要を論じながら，映像が誰の目を通して伝えられたものなのか，その意図にしたがって取材対象へどのような働きかけが行われたかを「開示」していくというやり方を提案する。このような見解は冒頭で紹介した今野によっても「関係性の開示」という表現で紹介されており（今野［2004］)，現代において多くの制作者に共通した認識と見ることができるだろう（森［2005］なども参照)。

　その認識は，冒頭の例でも見たように，伝える内容にどこまで演出を加えることが許されるのか，という問いへの解答にもなっている。つまり，演出が制作者の意図として行われていることを視聴者にはっきりと明示さえすれば，演出を加えることに制約はなくなるという態度の表明である。

　まず，そのような態度を単に制作者の開き直りとはせずに，「事実」を理解する面白さを視聴者が見出せるようにするため，という根拠をもって認めるとしよう。しかし，そうすることで，これまで見た客観的事実と演出という図式とは別に，表現を考えるにあたっての新たな課題が現れてくることになる。それは，制作者側が表現に演出を加えることによって，視聴者側は具体的にどのような形でその表現に一定の意味（面白さなど）見出すことになるのか，という課題である。それと同時に，単に意図があることだけを示すのではなく，その演出が実際に制作者によるどのような実践によって達成されているのかと

2章　マスメディアは伝え方を操作しながら事実をねつ造しているのか

いうプロセスを明らかにすることが必要となる。なぜなら，視聴者がどのような表現にしたがってどのような理解を行うのかが具体的に考えられたうえで，ほどこされる演出でなければ，結局は演出が根拠不明のまま制作者側のみの都合でなされるに過ぎず，視聴者にその意図を示すこと自体が意味をなさないからだ。同時に，それは表現の中に演出をもたらす必然性を判断する場合にも意味をもつだろう。

　そして，このプロセスを明らかにすることは，さらにもう一つの課題を導く。それは，特に報道を見る側の人々が，制作者の演出にしたがいながらも，それがまったくの「つくりごと」ではなく，報道として「事実」に関わるものである，という理解をどのように見出すのか，という点である。この点がなければ，視聴者による「事実であること」の理解への配慮をまったく欠いたままに，それこそやらせとして，制作者だけに都合のいい表現が作り出されることもすべて演出の名のもとに認められてしまうことになる。

■ 記述としての「編集」

　そこで本章では，牛肉輸入停止問題に関する報道内容が，VTR映像や「スタジオ・トーク」などに始まり，個々の「（翻訳）字幕」などの表現によって成立していることに注目し，それらが記述としていかなる理解を導いているのかについて，本書独自の方法で分析を行う。

　以降では，具体的な事例にしたがい，実際のニュースレポート映像で見られる表現について見ていく。この場合でも，あくまで焦点となるのは，この映像におけるカットのデザインに見られる記述のもとでどのように「事実」としての理解が導かれているか，という点である。とりわけ，この事例については，異なった時間と場所でそれぞれに起こっている出来事が，編集という作業を通じて，いかに互いに関連を

60

もった一つの「事実」として理解されるのかが問題となる。

ここにあげるデータは，2006年1月から3月にかけて，いわゆる情報エンタテイメントと呼ばれる番組の中で，時事・社会問題を報道するニュースレポートからとられたものである。

このレポートが報道している，「米国産牛肉輸入停止問題」について，その経緯と背景を簡潔に振り返っておこう。

BSE（牛海綿状脳症）は，別名「狂牛病」とも呼ばれる家畜伝染病の一種で，人間への感染は，BSE感染牛の食肉により媒介されるといわれている。2003年12月にアメリカ合衆国において感染牛が発見されたことにより，日本政府は安全が確認されるまで牛肉の輸入を全面停止した。内閣府食品安全委員会による専門調査会の検討を経て輸入再開が決定したのは，停止から二年後の2005年12月であった。輸入再開に際して，日本政府は米国側に脳や脊髄など，BSEに感染するリスクの高い特定危険部位を取りのぞくなどの条件を付した。しかしながら，輸入再開決定から一ヵ月後の2006年1月，輸入第一便として日本の空港で検疫を受けた数十箱中の米国産牛肉のうち三箱に，特定危険部位である脊柱が混入していることが明らかとなった。日本政府側はこの一件を重大な協定違反であるとして，ただちに米国産牛肉の輸入を再度停止した。

例2-1は，この輸入再停止が決定された翌月に，これまでの米国産牛肉輸入停止問題に関する動向をまとめたニュースレポートの最終部分（全体は約15分）から，その映像カットの進行および，それにしたがって映像内に表示された字幕，人物などの音声を表にしたものである。

2章 マスメディアは伝え方を操作しながら事実をねつ造しているのか

例2-1

カット	映像説明（カギカッコ内は固定してない字幕）	固定字幕	音　声
1	牧場にいる小川社長の写真		ナレーター：また去年九月 アメリカで 独自に調査を行なった
2	すき屋店舗の全景		大手牛丼チェーン店すき屋は安全性の
3	店内の様子（牛丼を配膳）	「米国産牛肉」安全の行方 '輸入停止'から2週間	確認ができないとして アメリカ産牛肉の使用を
4	話をする小川社長（無音声）	3と同じ	見送っている (.)
5	机の向こうに座る小川社長「「すき屋」を経営するゼンショー小川賢太郎社長」「日本の消費者には安全と言えないので」	3と同じ	社長：日本の消費者に対してぇ安全ですよ《両手を前に出す》(.) 食べてくださいとは とてもまだ言えない《手を振って下ろす》んんですよね (.) ということが分かった以上は
	「「すき屋」を経営するゼンショー 小川賢太郎社長」「現時点では使いたいけど使えない」	3と同じ	やはり現時点では (.) う〜ん残念ながら (.) ほんとは《両手を出す》つ, 使いたいけどね (.)
6	現地で撮ったとみられる写真六枚の俯瞰「「すき屋」を経営するゼンショー 小川賢太郎社長」「現時点では使いたいけど使えない」	3と同じ	う〜ん使いたいんだけど, やはり使えない (.)
	「「すき屋」を経営するゼンショー 小川賢太郎社長」「早く安心して食べられるようにしてほしい」	3と同じ	はやく：安心して：食べれるように shhh (.)：アメリカも
7	小川社長バストショット「「すき屋」を経営するゼンショー 小川賢太郎社長」「早く安心して食べられるようにしてほしい」	3と同じ	してほしいですね (.) 結局それがアメリカ畜産業界のためにもなるんですよ
8	登壇するグッドラッテ委員長「米下院農業委員会 グッドラッテ委員長」	3と同じ	ナレーター：《効果音のあと》だがアメリカ側は

9	マイクの向こうのグッドラッテ委員長「米下院農業委員会　グッドラッテ委員長」「三箱程度の検査ミスでは輸入全体を禁止する理由にならない」	3と同じ	Goodlatte : Three boxes of beef should not be basis for《手を広げる》(.) closing out entire market
10	マイクの向こうのグッドラッテ委員長「米下院農業委員会　グッドラッテ委員長」「毎年数代（ママ）の欠陥車が混ざっていても」	3と同じ	The United States《手を大きく広げる》doesn't say (.) we gonna bar.
11	「米下院農業委員会　グッドラッテ委員長」「アメリカは日本車の輸入全面禁止はしていない」	3と同じ	all Japanese vehicles from coming to the United States because we find some (.) every year.
12	ブッシュ大統領スピーチ「ブッシュ大統領」「こんなにうまい肉を食べられない日本人はかわいそう」	3と同じ	Bush : was you're missing out:on some Kansas beef.《観衆の笑い声。続いて拍手》
13	網に乗った焼肉「日本の焼肉店では―」「新宿ねぎし　渋谷公園通り店」	3と同じ	《店内の音》
14	カウンター前の支配人「新宿ねぎし　内田昌孝　支配人」「アメリカ産はオーストラリア産よりもやはりおいしい　味がある　うま味がある」	3と同じ	支配人：オーストラリア産よりも：やはりおいしい：と (.) まあ, あの：味がある　旨味がある
15	食事中の客に対してマイクを持った手「消費者は―」「安全ということがわかれば食べたい」	3と同じ	消費者1：またあの：安全ということがわかったら食べたいと想います。
16	別の客に対してマイク「消費者は―」	3と同じ	消費者2：安全が完全に百パーセント：(.) なってくれれば：食べても：(.) いいですけど：やっぱり (.)
17	「少しでも安全性に問題があれば食べたくない」	3と同じ	少しでも：(.) 安全性がなければ食べ：られないですね。《小さくうなずく》
18	輸入された牛肉の写真「提供：動物検疫所　成田支所」	3と同じ	ナレーター：アメリカ産牛肉から (.) 除去することが義務づけられた脊柱が見つかり,
19	背骨部分の拡大　「提供：動物検疫所　成田支所」		政府が輸入停止に踏み切ってからすでに二週間 (.)
20	ソフトフォーカスされた食肉加工場風景「イメージ」		その原因について

2章　マスメディアは伝え方を操作しながら事実をねつ造しているのか

21	ソフトフォーカスされた食肉加工場風景「イメージ」		アメリカ政府から正式な報告があるまで,
22	ソフトフォーカスされた飛行機に積み込まれるカーゴ「イメージ」		輸入停止を続けるという (.)
23	箱に入った牛肉を検査する作業員（ソフトフォーカス）ときどきフラッシュらしき光		

　例2-1全体をみると，1分50秒という時間の中に，さまざまな人物が登場していることがわかる。特にカテゴリー化に着目しながら，これらの人物が，どのような表現にしたがって特徴付けられているのかについて，見ていくことにしよう。

　まずカット1からカット7について，独自にアメリカ視察をした「大手牛丼チェーンの社長」が登場する。ここで彼は，米国産牛肉について「日本の消費者に対して」，「食べてくださいとはとてもまだ言えない」（カット5）として，米国産牛肉がもつリスクを指摘している。ここで注目されるのは，例2-1のカットが進行する中で，そうしたリスクに関する言動の記述のもとで，他の人物との関係において，どういった人物として位置づけられているか，ということである。

　その点で大きな手がかりとなるのは，彼の発言の後にカット8で比較的目立つ効果音とともに挿入される，「だがアメリカ側は」というナレーションである。このナレーションから，まず｛アメリカ側｝という集合が参照されることが予測されると同時に，「だが」という表現から，少なくともこの［社長］はそのような集合が参照されるようにカテゴリー化されていないことがわかる。

　そして，まさにこの後に，｛アメリカ側｝とされる集合が参照されるカテゴリーの人物が登場する。その一人がカット9～11で［米下院農業委員会の委員長］とカテゴリー化される人物（グットラッテ）で，もう一人はカット12で［（米国）大統領］とカテゴリー化される

64

人物（ブッシュ）である。

　しかしながら，これらの二人については，はっきりと |アメリカ側| という集合が用いられるように表現されているのに対して，先の「社長」をはじめとして，カット14の「支配人」や，カット15と16で「消費者」とされる人物それぞれについては，いったいどのような集合が参照されているのかが，明確に示されることはない。

　そこで，カテゴリー化とともに，記述上の人物の関係についての理解を実践する方法として，「カテゴリーと結びついた（category-bound）活動」によるカテゴリー集合の参照を取り上げたい（Sacks［1972b］），小宮［2007a］）。それは，記述としてある人が何かをしているところが示されるとき，特にその人物のカテゴリーが明示されなくても，「学校で教えている」というような形で，何らかのカテゴリー化と結びついた活動が述べられていれば，それを聞く人々はその記述のもとで，カテゴリー集合（この場合は，|教師と生徒| など）を参照しながら，そうした人物および活動（の記述）の結びつきにしたがった理解を産出するというものである。これまでの説明では，簡略にするために省いたが，複数の人物をカテゴリー化する場合，それぞれのカテゴリー化を通じて一つのカテゴリー集合が参照されることにより，人々が「何をしているのか，あるいは何をしようとするのか」といった活動の理解を予期として導く。たとえば，［先生］と［生徒］としてカテゴリー化された人々には，「授業に参加する」という活動の理解が導かれる。ある表現における記述のもとで，カテゴリー化がカテゴリー集合を参照する手がかりになるように，「授業で教える」といった活動の記述そのものも，カテゴリー集合を参照しながら，「先生と生徒」という人物の関係について理解を導く手がかりとなる。

　つまり，例2-1のニュースレポートにおいて，視聴者に向けた表現として実践されているのは，それぞれの人物を直接にカテゴリー化

2章　マスメディアは伝え方を操作しながら事実をねつ造しているのか

することではなく，ある特定の言動を活動として記述することにより，カテゴリー集合を参照しながら理解を産出することなのである。

　それでは，例2-1において，具体的に何がそうした活動の記述に該当するのだろうか。その分析について焦点となるのが，カット5，15および16における発言内に共通して用いられている「安全」に関わる言動である。これらの発言に共通して見られるのは，「米国産牛肉にリスクを見る」という活動である。カット2・3のナレーションでは，「社長」がはっきりと「安全性が確認できない」という形でリスクについて発言している（ように記述される）のに加えて，つづくカット5の中で「日本の消費者」が「リスクを見る（気にする）」という活動が記述されている(2)。さらにカット5の発言における記述から，カット15と16の［消費者］が，そのような活動の記述のもとで発言をしているという理解が導かれる。

　そこから同時に，｜アメリカ側｜がどういった活動によって参照されたカテゴリー集合であるかが示されてくる。それはつまり，「米国産牛肉をリスクという基準で見ない」，あるいはリスク以外の「うまい」といった基準で見ようとする活動であり，それは映像中で次のように確かめられる。まず，カット9では，「委員長」の発言にある「三箱程度のミス」などの発言により，再開後に輸入された牛肉に危険部位がまざっていたことについて「米国産牛肉のリスク」としない活動が示される。さらに，カット10・11の発言の中に，「欠陥車」の話が出されてくることは，「毎年数代の欠陥車」が混ざっていることを「日本車のリスク」としないのと同様な活動として，「米国産牛肉にリスクを見ない」活動の記述となる。

　そして，さらにこの点から，カット12にある［大統領］とカテゴリー化される人物の発言が注目される。ここで，［大統領］は「こんなにうまい肉を食べられない」という活動を［日本人］というカテゴリ

ーと結びつけながら記述している。そして，さらに「かわいそう」という発言から［大統領］の活動は，［日本人］の活動とは逆の，「食べる」という活動であることが記述されている。こうした「食べる」活動に関する記述のもとで，［大統領］に参照される｛アメリカ側｝のカテゴリー集合が，［日本人］には参照されるという理解が導かれる。

　ところで，筆者らによる調査の結果（是永・酒井［2007］）から，このカット12の発言については，このニュースレポートをどのような「事実」として理解するかに関連して，興味深いことが明らかになっている。

　まず，カット12の字幕に対照させながら，同じ英語による発言内容を見ると，日本語字幕とは異なった部分があることに気がつくだろう。まず，日本語字幕には「うまい肉」および「日本人」という表現が出て来るが，英語発言には「うまい肉」を直接意味することばはなく，「肉」に相当することばとして「カンザス牛（Kansas Beef）」が，そして「日本人」に相当するものとして「あなたたち（you）」が，それぞれ類推されるに過ぎないものとなっている。

　そして，この発言について，それがなされたテキサス州の大学における講演当時の記録と照らし合わせて見ると，この類推が客観的には誤りであることがわかる。大統領の講演では，カット12に引用された発言の直前には，「小泉首相や盧大統領に会ったときに言ったんだよ」（washingtonpost.com, 2006年1月23日付講演録より）という発言が見られており，カット12の'you'とは，この二人を指していたのであった。当然，小泉首相（当時）はともかく，韓国の盧大統領（当時）は客観的な事実として「日本人」ではないのであるから，この翻訳は誤訳であるか，あるいは，字幕そのものがねつ造されているという理解を導くおそれがある。

　しかし，活動の記述という点から見ると，「日本人」という訳語は，

2章　マスメディアは伝え方を操作しながら事実をねつ造しているのか

カテゴリー集合の参照について適切であるといえる[(3)]。なぜなら，先に確かめたことと同様に，この翻訳に見られる「日本人」は，カット5で先行する「社長」の発言中で示された「米国産牛肉にリスクを見る」という活動の記述のもとで，肉を「食べられない」という理解が導かれるからである。

　もちろん，このような記述は大統領自身による事実上の発言とは別の，映像表現においてなされたものである。本書が焦点とするのは，こうした事実と表現の違いではなく，メディア上に表現された発言などの行為が，記述のもとで一定の理解を導くようにデザインされていることである。

　つまり，例2-1のニュースレポートで行われていることについてあらためて示すとすれば，そこでは，どこの国にいるか，どういった人種か，などの客観的な事実によってあらかじめ人々を特徴付けたうえで，「人々が何をしているのか」という行為の理解を導いてはいない。あくまで，「米国産牛肉にリスクを見る」という，活動の記述のもとで参照されるカテゴリー集合から，人々の関係についての理解が導かれている。

　その点からすれば，例2-1の中で「アメリカ」や「日本人」として個々に表現された言葉の使用を，客観的に確かめられる事実との対応について判断することもまた，例2-1の表現を理解する上での適切さには関係をもたない。たとえば，カット14の「支配人」はアメリカではなく日本の「渋谷」にいて，「アメリカ人」として映像から客観的に特徴付けられることはない。しかし，このレポートにおいて ｛アメリカ側｝という集合を参照した記述のもとで，「アメリカ産は……やはりおいしい」と「支配人」が述べることから，この「支配人」は，あくまで「リスクを見ない」という活動について参照されるカテゴリー集合により特徴付けられる[(4)]。

同じように，字幕において表現された人物の言動もまた，それぞれのカットで行われている記述のもとで理解を導いている。

　カット12の字幕について指摘されたもう一つの違いである「カンザス牛」を「うまい肉」とした翻訳もまた，カット14で「支配人」により行われている，「おいしい」と表現する活動とともに，「米国産牛肉にリスクを見ない」活動として結びつけられる。この意味で翻訳もまた記述のもとで理解を導いているといえるが，そのことは翻訳がまったく英語の原文を無視して行われてよいことを示すわけではない。すなわち原文でも 'miss (ing) out' すなわち，「(牛肉の魅力を) 楽しめない」と述べていることから，「リスク」に対照される「魅力」を表すことばとして「うまい」という訳語において「大統領」の発言を記述することは，「米国産牛肉にリスクを見ない」という活動に結びついたカテゴリー集合を参照する限りにおいて適切なものとなる。同時に，こうした記述のもとで，原文の「カンザス牛」は「リスクのない米国産牛肉」を (代表的に) 表すものとして翻訳されることになる(5)。

　以上の分析では，ニュースレポートを映像表現として構成することに関連して，「アメリカ側」というナレーションや，「字幕」がもつはたらきに注目した。こうした分析は，このニュースレポートが例 2-1 のような形で放送される際に，別々の場所で取材された映像をこのような順序でつなぎ合わせ，ナレーションや字幕を付けて編集するという，制作者による実践への注目を促す。

　そのとき，先に見た字幕にある誤訳などをもってすれば，いわゆるねつ造を指摘するのは一方でたやすいことかもしれない。しかし，そのような客観的に確かめられる事実とは別に，この映像が編集される実践が，「米国産牛肉にリスクを見る」という活動に結びついたカテゴリー集合の参照により，BSE 問題に関する人々の関係について，記述どうしの結びつきにしたがった理解の産出を目的としている，と

2章 マスメディアは伝え方を操作しながら事実をねつ造しているのか

考えた場合はどうだろうか。その目的にそって,カット1からカット17までに登場する人物の発言が,このような順序で並べられることにはじまり,さらにそうした理解を導く手がかりとしてナレーションや字幕がほどこされているとするならば,それは編集という実践を通じて視聴者が「事実」としての理解を実践することに貢献しているといえるだろう。

■ スタジオ・トークにおける行為連鎖の参照

以上では,例2-1の映像表現において複数の人々の関係についての理解が,カテゴリー集合の参照を通じて産出される過程を見てきたが,報道番組のスタジオにいる出演者によって交わされたトークにおいても,カテゴリー集合の参照が,発話における行為連鎖の参照とともに,記述の実践として観察された。

この点を例2-2における「スタジオ・トーク」について見よう。

このトークは,例2-1の報道からさかのぼった1月23日に,輸入再開された牛肉に危険部位が見つかり,再び輸入禁止になったという当時の報道を受けて,番組の「ご意見番」である諸星大学院教授がコメントをしたものである。

例2-2

1 司会:うーん 諸星［さん,この騒ぎどう見ます
2 諸星:　　　　　　　　［はい
3 諸星:あのね:あの:やはりアメリカ人がですね:その:自分
4 　　　たちがほんっとにこれが必要だと思っているかどうかと
5 　　　いうところそこの部分の差でしょうね,
6 諸星:基本とね

```
 7  司会：ん：
 8  諸星：あの：(.) ま ((.)) 武部さんなんかは，要するに，ニホン
 9      の，ニッポン人が考えるニッポンの食文化をどういう風に
10      思ってるんだという：形でおっしゃってましたけど，まさ
11      にそういうことだと思うんですが（.）意識の違いですよね
12      とにかくアメリカの中では，ま，30ヵ月までの牛なら別
13      に何の部位も除去しないぐ　食べていいわけですから＝
14  司会：＝日本はしかも [にじゅっかげつ
15  諸星：             [にじゅっかげつ
16      (.)
17  諸星：そして（.）その（.）
18      [ペナルティを特定しなくちゃいけない]
19  司会：[特定な部位，特定な部位があるところですね]
20  諸星：はい
21  諸星：ですからあまりにも違いすぎるために現場でその：作業
22      をしてる方々の中に《息を吸う》ほんとにこんなこと必
23      要なのかよ　〈以下省略〉
```

　1から11行目にかけて「意識の違い」を示すことを前提に，諸星教授は「アメリカ人」と「ニッポン人」としてそれぞれにカテゴリー化された人々を対立させながら，前者については4行目で「ほんっとにこれが必要だと思っているかどうか」という記述をし，後者にとっては9行目で「食文化」を「考える」という記述をしている。このような「米国産牛肉にリスクを見る」という活動との結びつきから，それぞれに適用されるカテゴリー集合の参照を通じて，互いに異なるものとして記述された人々についての理解が導かれる。

　しかし，この記述のもとでの理解は単にカテゴリー化の実践について完結しているのではなく，「スタジオ・トーク」という場面の中で，

発話の行為連鎖を参照しながら実践されている。12から13行目にかけて諸星教授が，アメリカの肉牛で食用可能となる基準の月齢が30ヵ月にされていることに言及した後，番組司会の小倉氏は，13行目での諸星教授の発話の単位に対してある種のトラブルとなるような形で，14行目の「日本はしかも」という発話を行っている。そしてさらに諸星教授の方も，14行目での小倉氏による「20ヵ月」という発話の部分で，諸星教授は15行目として同時に同じ発話を行うことで，結果として発話の単位にトラブルをもたらしている。

　前章で見たように，日常の会話においては，一度に一人が話すことが優先され，複数の人間が同時に話すという事態を回避するという特徴が一般に観察されている。

　しかしながら，これは単純に「同時発話を避ける」という規則を示しているのではなく，このような発話の単位を基準としながら，人々が状況に対応した理解を導いていることを示している。つまり，人々はこうした発話の単位と，それにともなう活動の記述間の関係を利用しながら，状況の中で独自の発話を行い，その活動を場面ごとのそのつどの状況に対応した形で意味づけている。実際の会話分析による知見からも，他人の発言中に積極的に発話を行う場合も観察されているのであるが，それは相手が言いよどんでいる時に「支援」をしたり，一つの文章を協同で作成して「共感」を示したり，同じ結語を同時に言うことで「合意」を示したりするなど，その状況に対応した発話を行っているものとされる（Lerner 2002：1-34)。逆に言えば，こうした本来の発話の単位があるにもかかわらずあえてトラブルとなる発話をもたらすことは，その発話自体によって，行為連鎖を参照しながら，場面ごとのそのつどの状況に固有な適切さを呈示（display）することになる。

　14から15行目までに見られたこれらのトラブルもまた，「スタジ

オ・トーク」として，状況に特有な適切さを提示しているものと考えられる。この状況を番組の中であらかじめ約束されているものとして見れば，司会がこのような「介入」を行うこと自体はトラブルとまでは言えないものである。これに対して，行為連鎖の参照という点からすると，トラブルとなる発話が場面ごとのそのつどの状況についてなされていることが重要となる。これらの発話が実践されることにより，それ以前に諸星教授によって示された「違い」が，牛肉を加工するうえでの「月齢」としても強調される。そして，14行目でこの「月齢」を強調する発話は，その冒頭で「日本は……」というカテゴリー集合を参照しながら実践されることにより，そのような記述のもとでの「違い」をもつ活動としての理解を導く。諸星教授による15行目での同時発話もまた，「月齢」を強調すると同時に，場面ごとのそのつどの状況としてのカテゴリー集合を参照した理解を協同に達成するために行われている。そこで20行目における「ですからあまりにも違いすぎるために」という諸星教授の発話は，こうした同一のカテゴリー集合を参照した協同的な理解を確かめるものとしてとらえられる。

■「報道された事実」としての，公共的な理解の達成

以上の例2-2を通じて見てきたように，このような場面における協同的な理解が，番組を通じて視聴者にも提示されることにより，「米国産牛肉のリスク」に関する，人物と活動についての記述（の結びつき）における「違い」がニュースレポートについて達成される。そしてこのような視聴者に提示された形での，理解の協同的な達成が，報道としての表現上の特徴を支えるものの一つであると考えられる。

新聞における事件報道の見出しを分析することにより，P.フランシスらは報道において，「ひどい話だ」といった事件そのものへの評

価が一般には不在であることを指摘している（フランシス&ヘスター[2004＝2014：86]）。

彼らによれば，こうした実践は，「ニュース」に対する「評価」という行為連鎖（本書6章参照）を読者（視聴者）に対して参照させる。逆に記事や番組といった一つのメディア・テクストについて，そのような非難や評価を直接に表現してしまうことは，受け手に対してオープンな関係を示す可能性を損なってしまう。I. ハッチビーはトークショーにおける司会と視聴者との会話を分析することで，その会話が行為連鎖として公共に対してオープンな関係性を示すように構成されていることを指摘している（Hutchby 2001）。本章の分析によれば，同様のことがカテゴリー集合の参照についても行われていると考えられる。

以上の考察から，カテゴリー集合や行為連鎖を参照する具体的な実践により，マスメディアの表現における公共性が，場面ごとのそのつどの状況に応じて受け手に対してオープンな関係性をもった理解として達成されていることが示された。こうした観点は，マスメディアが，表現内容とは無関係に，制度的な前提としての公共性をあらかじめ個々の受け手に対して優先的に所有するように見なす従来の観点とは異なるものである。

これに関連して，他局の情報番組における同じトピックに関する報道例では，「日本はアメリカにナメられている」という街頭インタビューの声を引き取って，司会が「ナメられている」と発言する場面が見られた。司会にあるものが発言においてこうした即断をすることは，受け手自らが表現に対してカテゴリー集合や行為連鎖を参照した理解(6)を実践する前に，司会者がテクストを私的なものとして収束させ，その結果ニュース・テクストとしての公共性を損なう可能性をもつことになる。同時にこのことは，公共性が場面ごとの理解の達成について

維持されることを示すものでもある。

　本章で扱った例では，字幕における翻訳や，司会によって構成されたトークといったものが，それぞれの表現について示された記述上の活動の「違い」を導いていた。つまり，BSE問題についてどのような「事実」を理解するのか，という目的について，視聴者が「米国産牛肉にリスクを見る」という記述のもとで理解することが，編集を通じて表現内容を制作する実践のうえで選択されていた。

　そのうえで，ある「リスク」を特定の「事実」として理解する目的にしたがって，編集といった制作者による個々の実践がもつ適切さが判断されるべきものとなる。したがって，編集という活動自体が即座に「やらせ」として判断されることは論外だとしても，報道における実践上の目的にしたがわない場合は，こうした実践は必要とされない場合があるともいえるし，テクストの制作が実践される状況それぞれにより目的が違うことを一緒に並べ立てて論ずることは適当ではないだろう。

　実際にこの大統領発言を報じた別の放送局によるニュースでは，この発言の部分を「小泉総理や盧大統領に会ったときに言ったんだよ，カンザス牛を食べられなくて寂しくないか，とね」として，「正しく」翻訳した例も見られている（是永・酒井［2007］）。しかしこの場合，このリポートでは大統領がこうした「発言をした」こと自体が焦点となっており，「リスクを見ないこと」が焦点とはなっていなかった。

　本章が見てきたものは，このようなそれぞれの特定の前提にしたがった理解の実践であり，その実践は場面ごとのそのつどの状況のものであるがゆえに，必ずしも字幕における特定のことばの使用や，映像カットの設定など，特定のモダリティの状態そのものに還元して考察するだけでは明らかにしにくいものと考えられる。

2章 マスメディアは伝え方を操作しながら事実をねつ造しているのか

[注]
（1） 本章および次章では、映像などの表現を理解するとき，その表現における記述を通じて「～～のようなことが起きている／起こったんだ」と理解するような場合の，いわば記述のもとで「事実である」という理解が導かれている出来事をカッコ付きの「事実」と呼んで，客観的に確かめられる事実と区別している。そのため，それでは客観的な事実とは何か，という新たな問いや，そのような区別は一概に決められないのでは，という疑問を生じるかもしれない。しかしこの場合は，「記述以外のもの」がすべて客観的な事実になる可能性（つまり全くのでっちあげの記述をすること）も含めて，記述のもとで導かれる理解そのものを考察の対象とするために，こうした区分をとりあえず行っているものとして理解されたい。

　たとえば映像上で初めて目にする二人について，「この親子は三十年ぶりに再会した」という記述（ナレーション）がなされた時に，そういう出来事があったんだ，と理解する場合を考えてみよう。このとき，二人がまったく似ていないという記述以外の事実があったとしても，そのことはとりあえず関係なく「三十年ぶりに再会した」という事実は，［親子］というカテゴリー集合の参照を通じて理解されることになる。6章も参照のこと。

（2） このように，ある人物をカテゴリー化することが，ほかの人物による証言などを通じて記述されることで，カテゴリー化すること自体が人物どうしの関係を特徴づけることは，特にニュースレポートにみられる特徴的な記述である。

（3） しかしながら，「米国産牛肉にリスクを見る」という活動に結びついたカテゴリーが用いられる集合を，ここで ¦アメリカ側¦ に対する ¦日本¦ であると，研究者が客観的に確かめられる事実から分析的に位置づけてしまうことはできないだろう。そのようにしてしまうと，カット12で名指されている「盧大統領」や，カット14の「支配人」といったものの位置づけが，彼らの国籍がどうかといった，客観的事実の方を先行させながら判断される可能性をそのまま導くからである。

（4） エスノメソドロジーの研究で明らかにされているカテゴリー集合の適用規則では，ある場面で用いられる，それぞれ複数のカテゴリー化には，複数のカテゴリー集合が適応される可能性があるにもかかわらず，つねに単一の集合が用いられるように導かれているという（経済規則，サックス

［1972a＝1989：101］)。つまり，ある場面でカテゴリー化がなされる場合，一貫性規則と合わせて，つねに同一のカテゴリー集合を参照するように理解が導かれる。
（5）　この点から，一般的に翻訳をするという作業について考えてみても，誤訳という場合，（文法などの）客観的事実と対照する限りにおいてその妥当性が判断されるのに対して，記述のもとでその適切さが判断される別の水準があることが示される。「意訳する」ということが可能なのも，翻訳の対象となる言語どうしの対応関係のほかに，このような規範を参照した理解として産出される部分があるからではないだろうか。
（6）　例2-1のテクストに登場する，社長，委員長，大統領，店長といった人々は，直接にそれぞれを対話の相手としながら発言を行っているわけではないが，このテクストの中では，リスクの有無をめぐってある種の対話（議論）を行っているようにも理解できる。こうした理解はテクストにおける各々の発言について行為連鎖が参照されることによりもたらされる。I. ローダーと J. ネクヴァピルは，報道に見られるような，直接に関連をもたない人々の発言が対話のような構造をもって理解されることを「対話的ネットワーク」と呼んでおり，こうした行為連鎖の参照とともに，カテゴリー集合が参照されていることを示している（Leudar & Nekvapil ［2004］)。是永・酒井［2007］では，ここに挙げられた人物の発言が，「リスクを見ること」をめぐって，リスクの「規定－再規定－再々規定」という議論としての行為連鎖にしたがっているように理解できることを指摘している。

3章 メディアに登場する人物は,送り手側の都合で「心にもないこと」を話しているのか

　前章では,マスメディア上の表現の理解が,送り手によるカテゴリーの使用などを通じた記述のもとで導かれる過程を示した。このとき,受け手はそうした記述から特定の「事実」としての理解を産出することにおいて,送り手と協同的な作業をしているものとみなせる。

　そのうえで本章で考えたいのは,送り手がデザインした表現の理解を,受け手の方がより積極的な理解として導くような状態である。

　たとえ受け手側が表現にしたがって「事実」としての理解を産出したとしても,表現されたものを「自分と関係のないもの」と見なしたり,あるいは,表現における特定の記述のもとで理解がもたらされていることそのものをつくりごととみなしてしまうことも考えられる。

　この点から,以降では,受け手側が表現の理解を実践する過程を,具体的な表現の例について考えていくことにしたい。

■ 本当の経験としてのオーセンティシティのデザイン

　「あ,橋から人が落ちてる!」
　レポーターの叫ぶ声とともに,少年たちが橋の上から川へ次々と飛び込んで行く。

——こうした場面から始まる,一人の飛び込みができない少年を題材にしたドキュメンタリーには,実は次のような「事実」が隠されてい

3章 メディアに登場する人物は，送り手側の都合で「心にもないこと」を話しているのか

たという（今野［2004］）。

この番組の取材は四国のとある島で行われたが，取材を行ったのは九州にあるテレビ局であった。なぜこの番組の担当者が遠く離れた場所に取材におとずれ，ちょうどこのような場面に遭遇できたかといえば，あらかじめそのような風習があることを聞きつけていたからであったという。この島には一定の年齢に達した少年は橋から川に飛び込まなければならないという風習があることが知られていた。

その事実からすれば，「この島にある特別な風習を取材に来ました」というまず説明が行われるべきである一方で，冒頭の叫び声を取材者であるレポーターが発するのは「嘘」となるはずである。にもかかわらず，このような演出として，「あ，橋から人が落ちてる！」という発言によって場面が始められるのは，出来事が起こっているその場面を経験しているという「臨場感」を出すためであると，この例を紹介した今野は制作者の立場から説明している。

ここでは，こうした演出の是非そのものを問うのではなく，そうした演出によって受け手にもたらされる臨場感というものについて，「オーセンティシティ」という観点を手がかりに考えてみたい。

オーセンティシティとは，原義的には複製や偽物でない「本物」を指し，メディア研究においては，メディア上の表現があたかも「本当のこととして行われているように経験されること」を示す（van Leeuwen［2001］, Scannell［2001］など）。つまり，メディアの表現を通じて，その受け手があたかもそこで描かれた出来事を本当の経験のように理解することが，すなわちオーセンティシティの体験を意味する。

今野の説明にもあるようにニュースレポートなどにおいて，表現する送り手が実践上の目的としているのは，前章でも見たような記述のもとで「事実」の理解を受け手において産出するほかに，オーセンテ

ィシティを導くことでもある。

「橋から人が落ちてる!」という記述で開始される,先のドキュメンタリーについて指摘された臨場感とは,まさにその記述のもとで「その場で起こっているような」経験として,こうしたオーセンティシティを導くことといえよう。たとえば,1章で見たCOW動画の制作についても,「できるだけリアルにすること」が目的とされていたが,それはつまり視聴者にオーセンティシティをもたらすことであり,そのために事故の発生した様子をそのまま再現するような手法がとられていると考えられる。

さらに,オーセンティシティという観点からすれば,それが送り手により導かれる対象は報道やドキュメンタリーといったジャンルの表現に限らない。

日本のテレビ放送を例にとれば,「トーク番組」と呼ばれるジャンルが多く見られ,視聴者の注目を集めるようになったのは,1970年代に入ってからのことであるという(NHK放送文化研究所[2003])。こうしたジャンルの番組は,「そこで繰り広げられるタレントと視聴者のトークの面白さが人気の一因」であった。そして,その面白さは,「あらかじめ構成されたり,台本で作られたのではない」出演者の発言と,それに対するタレントや司会者の「当意即妙の受け答えの面白さ」であるという説明がなされている(NHK放送文化研究所[2003]傍点筆者)。この当時に始まった番組としては,『新婚さんいらっしゃい』(ABC・71年),『徹子の部屋』(テレビ朝日・76年)などがあり,現在も続いているこうした番組を想起すれば,その特徴が実感できるように思う。

上記の「当意即妙」という説明にもあるように,こうした番組に見られる,作られたものではないという特徴は,司会者が番組内のトークを「その場で行われているもの」として取り扱う実践によってもた

3章 メディアに登場する人物は，送り手側の都合で「心にもないこと」を話しているのか

らされる。さらに視聴者がそのような特徴のあるトーク番組を享受していているということは，視聴者がそうした司会者の実践を通じてオーセンティシティを産出していることを意味する。

　つづく，1990年代からの「素人をさまざまな企画の中に取り込み，主要な出演者としてその行動を見守る」という，新たなタイプのテレビ番組の出現もまた，こうした作られたものでない経験に関連したものとして見ることができる。こうした番組は，海外において「リアリティ TV」と呼ばれるものから派生し，日本では『恋愛地球旅行あいのり』（フジ・99年）や『ガチンコ！』（TBS・93年）などの番組がいくつか制作された。このジャンルについても，素人が台本にない自分の意志で行動するところを記録し，さらにその行動を行った経験をふりかえって当事者自身が自分のことばで語るという演出を，受け手におけるオーセンティシティの産出という観点からとらえることができるだろう。

　トーク番組やリアリティ TV などの場合，出演者本人が行動している様子そのものが表現されることによってオーセンティシティがもたらされると，ひとまず理解することができる。たとえばトーク番組において，本人が出演してその経験をありのままに語る以上は，そこで披露される経験は，まさに作られたものではないという理解を導く。

　しかし，ここで冒頭のドキュメンタリーにおける「あ，橋から人が落ちてる！」という語りにさかのぼって考えると，それはあくまで演出としてなされているもので，ただありのままの経験を述べていることとは異なる。さらに，こうした演出効果が制作者の都合によって多用されることで，つくりごととしての理解が視聴者におけるオーセンティシティの産出を損ねてしまうことも危惧される。また，レポーターが単にそのように語っているからといって，現場を知らない視聴者に臨場感が共有されることも簡単に期待はできないともいえる。

82

それでもこうした演出が制作者側の都合による「やらせ」であるという理解ではなく，まさにオーセンティシティとしての臨場感を産出するならば，それは受け手による，いかなる理解の実践と関わるのだろうか。

■ 受け手におけるオーセンティシティ

　この問いに答えるため，ここでは，「あ，橋から人が落ちてる！」という冒頭の発言そのものについて考えることにしたい。この場合，そのセリフはただレポーターという人物が「人が落ちているのを見た」という「本人として経験を語っている」だけではなく，そうした「事実」の目撃を，ドキュメンタリーの制作者が映像上に記述しているものと見ることができる。

　そこで，ここではその目撃するということについて，H. サックスらによる目撃証言（witness）についての考察を参考に考えていきたい（Sacks [1992], Hutchby [2001]）。

　サックスによれば，人があることを目撃したと語ることは，単に何かの知識（その人が知っていること）を報告することとは異なっている（Sacks [1992 : 243]）。まず，目撃の場合は，出来事を語る人が，どのようにしてその出来事を目撃した（という経験として語るに至った）のか，という経緯の語りがともなうのに対して，単なる知識として出来事を話す場合はそのようなことがなく語られる。

　このような違いがなぜ生じるかといえば，人がある出来事を語る際には，その出来事に関わる経験をどのように所有しているかによって，その出来事について語る「資格」が異なるからである。サックスが交通事故を目撃した例によって示したように，現場を目撃した人は，その経験について何を見たかを示しながら，それがいかに自分にとって

3章 メディアに登場する人物は，送り手側の都合で「心にもないこと」を話しているのか

ショックだったかなどを語ることができる。しかし，そのような経験がない者は，事故があったことを知識として語ることはできたとしても，目撃した人とまったく同じように話す資格がない。

　このことは，目撃の経験を聞いた側が，さらに相手の経験をその人に代わって他の人に伝えることを考えると理解しやすい。このように経験の語りにともなう資格は，たとえばこの人よりもあの人の方がこの経験を語るのによりふさわしいといった形で，実際に経験した本人による最初の語りの後にもたらされる行為のありようを，規範的な概念のもとに分けることになる。

　このような経験にともなう資格は，出来事の語りにおいて行為を記述することにともなう概念として，語る人と語りを聞く人々の関係を分かつ一方で，両者を結びつけることも可能にする。身近な例としても自分の経験談に対して，相手が似たような経験を持つことによって，会話が展開することがあるだろう。

　実際の会話に見られる，次のような経験を互いに報告するやりとりを見てみよう。

例 3-1
　1　B：モーツァルトにはまるとかはあるよ
　2　C：はまったよあたし
　3　A：あやしー
　4　C：受験期にはまったよ，レクイエムやろ大ミサやろ
（串田［2001：220］より構成）

　例 3-1 で会話をしている A，B，C はそれぞれで音楽に「はまった」経験について語っている。3行目では，AにはBとCに共通する経験がないという理解が導かれる。その理解は，共通の経験がないと

き，それをことさら明らかにせず，代わりに相手が持つ経験の方を評価するという1-3行目の行為連鎖を参照することによって産出される。このとき，後で同じ経験を語るCが「すごいねー」などといった評価を1行目のBの発言の直後に行ったとすれば，それは4行目で同じ体験を語る際に奇妙なものに映るだろう。このように経験を語るという行為は，経験を持つという資格によって，人々の間を記述にともなう概念にしたがって分かつとともに，語りの後に続く行為連鎖についても，同じような経験を語るか，あるいは評価するのみか，といった形で，さらに概念にしたがった理解をもたらす（串田［2001］など）。

以上を確かめた上で，冒頭のドキュメンタリーの例に戻れば，なぜレポーターが「この島にある特別な風習を取材に来ました」と語ることではなく，「あ，橋から人が落ちてる！」という目撃を記述することで番組を開始しているのがわかる。

つまり，「あ，橋から人が落ちてる！」という語りは，その記述のもとで，レポーターと同等の資格を視聴者の経験において産出する。

このような経験に関する資格にともなう，人々の関係と行為についての記述のもとでの理解が，取材現場を知らないはずの視聴者に画面上の出来事としてのオーセンティシティをもたらす。このレポーターはこうした実践により，後に続く報道内容についても，受け手がオーセンティシティをもって表現された場面に参与するすることを「デザイン」しているともいえる（6章参照）。

これに対して，レポーターが冒頭で，「風習を取材に来ました」と語ることで，その島で「橋から人が落ちている」場面を，他人から聞いたものとして扱ってしまうと，場面の目撃は他人から聞いた知識を語るのに近いものとなり，レポーター自身がその出来事（風習）についての経験に関わる資格をあらかじめ封じてしまう。そのため，番組の進行にしたがって目撃後の出来事を見ていく視聴者は，なおのこ

3章　メディアに登場する人物は，送り手側の都合で「心にもないこと」を話しているのか

と，そうした資格から遠ざかった，オーセンティシティのない理解を実践することになる。逆に目撃を演出することが臨場感をもたらすのは，このような資格にともなう経験の共有によるものであるといえる。

　以上の考察から，受け手におけるオーセンティシティとは，ただ経験の当事者本人が語ることだけでなく，経験の共有をもたらすような，演出上の表現のデザインによって産出されるものといえる。一般的にも，自分にまったく経験のないことについて，他人がいくら自らの深い経験を本人として語ったとしても，その表現を通じて，自分がその経験について語るべき資格が導かれない以上は，結局そうした他人の語る経験は「関係のないもの」として理解されることになるだろう。

■「自分のこと」として理解すること

　ここで冒頭のドキュメンタリーについてみたような臨場感の演出とは別に，経験の共有によって参照される規範を考察するにあたって，もう一つの問題を指摘したい。それは，他人の経験に対して，客観的事実として同じような経験のないものは，そのことだけによってその経験に関わる資格をすべて失ってしまうものなのだろうか，ということである[3]。特にメディアの表現においては，結局表現に登場する人物と視聴者は客観的には同じ経験を共有しているわけではなく，それ自身が間接的な経験にとどまっているともいえる。

　そこで，以降では，メディア上で表現された他人の経験を語ることにおいて，受け手が行っている実践から見ていく。そのことを通じて，経験の共有において，本論が焦点とするカテゴリー集合の参照が重要な意味を持つことを示そう。

　ここで1章の例1-1にあった動画について，感想を述べた例1-2の記事をふたたび取り上げることにしよう。

例 1-2（再掲）

　　ビデオクリップを自分の赤ちゃん（baby）と見ていた時，チャイルドシートに収まって死んだように見える幼児（infant）と，前方座席の彼女の両親（parents）に対して「目を覚まして」と懇願するきょうだい（sibling）の姿にカメラがとどまり，私の眼には涙があふれた。

この文章では，すでに 1 章でも確認したように，記者は「一緒に見ている」ものとして「自分の赤ちゃん」のことを文章で先に言及している。その記述により，一貫性規則を通じて，例 1-1 の映像中に表現された［幼児］と，目の前にいる［赤ちゃん］が，|家族| という同一の集合を参照しながら，記述上の関係をもつという理解を導いていた。

このようなカテゴリー集合の適用規則にしたがって，例 1-1 の動画表現において用いられたカテゴリー集合をそのまま使用する（引き取る）形で，記者の前にいる「赤ちゃん」が自分とともに |家族| に属するという関連を示すことになる。

つまり，例 1-1 の映像に登場した「幼児」と，例 1-2 の記事における「目の前にいる赤ちゃん」それぞれに対して，記者が［親］と［子］によって構成される同一のカテゴリー集合を参照することにより，それぞれ本来は異なった状況にいる人物どうしが，お互いの立場を共有できるという理解がもたらされている。その意味で，例 1-2 の冒頭に見られる［赤ちゃん］についての記述は，その記述のもとで例 1-1 と共有した |家族| というカテゴリー集合を参照した理解を導くためのものであったといえる。

さかのぼって，このような理解が何によってもたらされたかといえば，例 1-1 における登場人物の関係についてのカテゴリー集合を参照

3章 メディアに登場する人物は,送り手側の都合で「心にもないこと」を話しているのか

が,映像上の表現のデザインを通じて実践されていたためであった。

したがって,この例に限らず,表現に描かれた人々と,表現の受け手それぞれが,続けて同一のカテゴリー集合を参照することによって,それぞれが置かれている状況の違いにかかわらず,お互いに同じ立場から,それぞれの人々を同じものとして見ることが可能になる。このような形で表現の人々が持つ経験を自分のこととして理解することは,2章のテーマでもあった,メディア上の表現において登場人物に生じた出来事から「事実」としての理解を導く過程に対しても重要な示唆をもたらす。

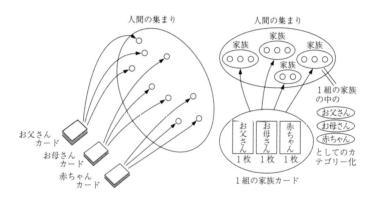

図 3-1(山崎［2004：25］より）

ここで自分の目の前にいる人々と,表現上における人々について同一の集合を参照することが,なぜ可能であるのかといえば,それは |家族| というカテゴリー集合の適用に関する次のような特徴による。

山崎［2004］によれば,この特徴は,次のように説明される。まず,図 3-1 左のように,カテゴリーを用いて記述すること(カテゴリー化)を,「赤ちゃん」「お父さん」「お母さん」という三種類のカードをそれぞれの人間に貼り付ける形で考えてみよう。このときに参照

される｛家族｝というカテゴリー集合においては，ただ手持ちのカードを無作為に選んで貼り付けるのではなく，三種類のカードをそれぞれ一つの組として持ち，一枚ずつめくって貼り付けることが前提となる。つまり，｛家族｝を参照する際には，この組を単位としたカードが，対象となる人々にくまなく貼り付けられるはずで，そのカードが余る（貼り付けられない）組が出てくる場合は，｛家族｝の参照そのものが無効になるのではなく，あくまでその記述上の結びつきを前提として，「赤ちゃん」がいない「お父さん」または「お母さん」などとしてカテゴリー化することになる。

　こうした特徴を用いて，ある人々をカテゴリー化するとき，そこにいる人々すべてについて，どのカテゴリーがそれぞれに当てはまるかを，あらゆる場面を通して決定できる。その場合，その集合の要素となる，どのカテゴリーも繰り返して使用できる（サックス［1972a＝1989：104］）。

　そして，事態をさかのぼれば，このような特徴を持ったカテゴリー化は，映像における表現の実践によりもたらされたものであった。つまり，この動画の制作者による演出を通じて，｛家族｝というカテゴリー集合の適用規則にしたがい，視聴者である記者は，目の前にいる子どもに対してもオーセンティシティをもった同様の「事実」としての理解を導いていた。例 1-2 における，記者の眼に「涙があふれた」という記述のふさわしさは，このような映像表現における記述のもとで導かれたといえる。

　このように人々をカテゴリー化することは，送り手がそうした記述のもとで，表現についての一定の理解を導く方法であると同時に，さらにその受け手が，同じ記述上の人物関係にしたがって経験を共有するための手がかりにもなっている。その意味で，カテゴリー集合の参照とは，表現の中に埋め込まれた実践であるともいえる。[4]

3章 メディアに登場する人物は，送り手側の都合で「心にもないこと」を話しているのか

■ トーク番組における経験の語り

　これまでの考察で，「トーク番組」というジャンルの成立は，作られたものではない経験として当事者本人が語ることにその意味を見出された。しかしながら，さらに経験に関する資格についての考察を重ね合わせたとき，トークにおけるオーセンティシティは，経験者本人が当事者として語ることそのものに単純に求められるものではないことが示された。つまり，表現において特定の記述をもって経験が語られ，さらにその表現の受け手が，その記述のもとで同じ経験を語る資格についての理解を導くことでオーセンティシティがもたらされると考えられる。

　データを見ながら，「本人が語ること」について，本人を含む周囲の人々がどのような実践によって，オーセンティシティをもたらしているのかについて，考えていくことにしたい。

　ここで取り上げるデータは，北海道にあるローカル TV 局（北海道文化放送）で制作されていたトーク番組（『のりゆきのトーク DE 北海道』，1994 〜 2012年まで放送）で行われた「出演者と視聴者」のやりとりである。この番組は，日常的な出来事や問題に関わるテーマについてゲストが呼ばれ，取材 VTR なども交えて司会者とトークを行うことを基本に進められるが，それに加えて，視聴者から電話による参加を募集し，生放送の状態でスタジオにかかってきた電話を通じて，司会者やゲストが視聴者とトークを繰り広げるという特徴をもっている。

　視聴者とのトークの話題については，健康問題についての悩みや経験談などが多いが，今回データとして取り上げた回では，「あなたの怒り買います」というテーマで，次の例 3-2 のように視聴者が怒っている経験談を電話で話し，その経験が本当に同情すべき怒りなのかを

司会者とゲストが判断して得点をつけ，その得点に応じて賞金を渡すというゲーム的な趣向でトークが行われていた。

例3-2　スタジオ出演者（N・M：司会者，J・Y：ゲスト，R：レポーター）とC（電話で参加中の視聴者）のやりとり

※S：スタッフまたは会場からの声

```
 1  N：[あ：あ：] あなたの夫にね＝
 2  J：[ん：ん：なるほど]
 3  C：＝[はい
 4  J：　[あ：
 5  N：じゃあよくなったら実家に帰んなさいと＝
 6  C：＝[はい
 7  J：　[うん,
 8  N：で, おみやげ買って行きなさいって5万円渡していったわけ
 9  　  ね＝
10  C：＝はい＝
11  N：＝で, あなたは [自分の実家に] 帰ったわけ [ね
12  J：              [で, べつべつ]            [べつべつに
13  C：                                       [hh そうですね
14  N：は [：：はい.
15  Y：  [hh
16  N：そ [れで？
17  M：  [うん
18      (.)
19  C：そ [うですね（　）
20  N：  [ここで何か言いたくなる [けど,
21  Y：                        [h はい
22  R：                        [hh
```

3章　メディアに登場する人物は，送り手側の都合で「心にもないこと」を話しているのか

```
23  N：ちょっとがまん［して聞こうな．＝（（JとYに））
24  Y：          ［h はい
25  R：          ［hhh
26  Y：＝hh
27  N：ん：［はい．ん：
28  S：    ［hhh
29  N：は［い
30  C：  ［あの：帰［って来たんです［ね．自分の家［に：
31  N：        ［うん        ［はい．       ［はい．
32  C：そうしたら5万円もなく［：
33  N：          　　　　　［う［ん
34  J：                    ［ん
35  C：して，実家にも［主人は帰ってない＝
36  N：        ［ん：
37  N：＝［帰ってない，じゃ＝
38  J：  ［お：
39  N：  ［ん
40  M：  ［えっ
41  C：＝で［ちょっと5万円はどうしたのか［っていったら：
42  J：   ［じゃ              ［ん：
43  N：                      ［お：
44  J：［そう
45  N：［お：
46  Y：うん＝
47  C：＝パチンコで使ってしまったと
48  Y：［hh
49  S：［hhaha
50  M：え［：：
51  N：  ［パチンコ．
52  C：はい．
```

53　　　(0.2)
　　((中略))

　例 3-2 のデータの前には，お盆の出来事として，視聴者Cが一家揃って夫の実家に行く予定だったのが，夫が熱を出したので，回復したら夫の実家に帰るようにお金（5万円）を渡して家に残し，C自身は子どもと一緒に自分の実家に帰ったと語った部分があり，例 3-2 の 1 行目からは，それまでのCによる語りを司会者Nが要約しながらCに確認をしている。

　例 3-2 でまずポイントとなるのが，それまでNがCだけに語りかけていた状況において，唐突に生じた，20行目から23行目の「ここで何か言いたくなるけど，がまんして聞こうな」というNの発言である。ここに至る経緯としては，まず，13行目までにCの語りについての要約と確認が終了し，16行目からさらにNとMによってそのストーリーの進展が促される。くだんの発言は，少しの間の後で19行目からCが話し始めるのとほぼ同時に，NがスタジオにいるJとYの方に体を向けて行う発話として開始されている。

　ここで20行目のNの発言は，Cに向けられていないように観察される。それは，16行目でN自らが発した「問い」に対する隣接ペアとして，Cの発話が「回答」としてまさに出されようとしてもいるにもかかわらず，それがすぐに20行目での同時発話でさえぎられていることによっても示されている。このようにNは「割り込」むことで，20行目からの発話がCに向けられていないことを示しつつ，N自身にとって「言いたくなる」ことがあるが，いまは語るべきではないことを，「がまんして聞こうな」というJとYに向けた23行目の発話で表明している。

　しかしその一方で，Nにより20行目で「言いたくなる」とされてい

3章　メディアに登場する人物は，送り手側の都合で「心にもないこと」を話しているのか

ることへの理解は，すでにその前のやりとりの中で参加者の間に相互的に示されているようにも見て取れる。つまり，11行目で，Ｃが「自分の実家に帰った」ことについて，ＮがＣに確認する形で述べるときＮの隣にいるゲストのＪが同時に12行目の「べつべつ」という発言をしておりＣがそれらの発言に対して13行目で笑いながら，「そうですね」という発言をこの順番において行っている。そこで，20行目のＮの発言によって，11行目に示されるＣの行為に何らかの笑うべきポイントがあることがほのめかされる。

このポイントは，さらに，20行目のＮの発言において，「言いたくなる」ことがすぐに示されないことで，ジョークを構成する「謎かけ（理解のテスト）」（岡田［2007a］）を参照した理解を導く。その理解は，さらにＮの発言を受ける形で，21・22行目と24・25行目におけるＹとＲによる笑いと，それに加えて28行目で画面外からスタッフＳの笑いがなされることにより，ジョークとしての「謎かけ」に対する行為連鎖が参照されることからも導かれる（Sacks［1974］，岡田［2007a］）。

ここでいったん28行目までで笑いが終了したところで，29行目で「はい」とＮがうながす発言を繰り返すことで，Ｃがさらに経験談を展開する。

このとき，疑問となるのは，演出といってはあまりにも露骨な20行目におけるＮの発言が，なぜここで示されなければならないのか，という点である。単に「言いたいことがあってもがまんする」という状態を報告するだけであるならば，それを最初からまったく言わないということこそが，Ｃによる経験談の進行を促す司会者としてのＮの役割にもかなうはずであるし，逆に「言いたくなる」ことがあるのならば，それを（いつでも）発言することの妥当性は，この場で司会者という権限を持っているＮには確保されているはずである。

とりもなおさず，Ｎがこの場面で行っていることを表現における記

述のもとで分析するためには,この疑問に答える必要がある。言い換えるならば,Nがこの発言についての理解をどのような記述上の関係にしたがって導こうとしているのか,さらには,その記述によって視聴者を含む他の人々の理解をどのような方向に導こうとしているのか,そのことが問われる。すぐにその答を述べる前に,さらにデータにおける会話の進行を追っていくことにしよう。

■ 経験の資格をめぐるカテゴリー化

さて,つづいて例3-2の会話がどのように進行したのかについて,例3-3を見ていこう。例3-3は,例3-2にあったようにCに渡された5万円を夫がパチンコで使ってしまったことに対して,Cが腹を立て,それ以来夫と口をきいてないという形で経験談を完結させたところから始まる。

例3-3 スタジオ出演者(N・M:司会者, J・Y:ゲスト)とC(電話で参加中の視聴者)のやりとり

68　C:今日の今日までちょっと口をきいてない状態なんですね=
69　J:=あら
70　N:[そう.
71　?:[う:ん
72　N:さ:
73　M:はい=
74　N:=え:新妻の山田さん
75　Y:[hh
76　J:[ん:
77　N:え:[どう思いますか
78　Y:　　[はい

```
79        (0.2)
80   Y：や：(.) ま私もキレると［思います
81   C：                ［hhh
82   N：［私もキレる
83   J：［hhh
84   Y：はい.
85   N：その前に何かひっかかる［ものありませんか＝
86   Y：                      ［nhhhhehe
87   N：＝私ものすごくひっかっかてるのがあるんですけ［ども.
88   Y：                                              ［はい
89   Y：なん,
90   N：ん
91   Y：どうして.
92   N：うん
93   Y：奥さんは (.) あの：旦那さんの実家ではなくって自分のじ
94      hっかに二人で［帰っちゃったのかなん［か（ ）って
95   C：              ［khhhh
96   N：                                      ［お：：
97   J：hh［hhh
98   C：   ［hhh
99   N：［そう.［そう ((Yを指さした手を伸ばす))
100  Y：［hhh  ［hahahahehehehe ((会場笑い))
101  J：       ［hahaha
102  C：k［hahaha
103  J： ［hhahaha［hahaha
104  N：           ［さあ
105  N：その［：
106  J：     ［hh
107  N：私が言ってるんじゃないですよ.［山田い［ずみさんの＝
108  C：                                      ［はい
```

```
109  Y :                                    [(言ってない) hhh
110  N : = [質問に対して
111  J :    [hahaha（（会場笑い））
112  Y :    [hhhhhh
113  J : haha
114  N : 山田 [hy いずみさんの質問に対してあなたは [どう答えま
115     すか？
116  J :     [hahaha
117  Y :                                            [hh
118  C : はい．
```

　まず，例3-3の72行目のところで，Nは「さ：」という発話とともに，Cによる経験談を評価する段階に移ることを示しているように観察される．これは，NとCとの会話に対してほとんど発言をしていないMが，73行目の「はい」という発言でそれを受けて，司会として番組を進行しようとしているところからも読み取れる．このような発言による進行のきっかけづくりは，番組の他の箇所でも散見されている．

　さて，そこで注目されるのが，Cによる経験談の評価をYに投げかけるときに，Nが74行目で「新妻の」というカテゴリー化によって，Yに呼びかけている点である．しかし，このカテゴリー化のもとで，いかなるカテゴリー集合が参照されているのか，という視点からすると，後に続く80行目のYによる「私もキレる」という回答では，何らかの共通した立場を「私も」という発言で示してはいるものの，その経験への一般的な評価を行っている以上のものは見えてこない．さらに82行目のNによる発言の繰り返しに対しても，同意するのみである．つまり，74行目でのNによるカテゴリー化は，84行目までのYとのやりとりにおいて，特定のカテゴリー集合を参照した理解を導くまでには至っていない．

3章 メディアに登場する人物は，送り手側の都合で「心にもないこと」を話しているのか

　その後の85行目以降のNによる質問は，それまでのやりとりにおいて74行目でのカテゴリー化がYの理解を導くに至らないことを受けて行われたように見てとれる。このとき，Nは87行目で「私ものすごくひっかかる」ということを言いながら，例3-2の20行目で「ここで何か言いたくなるけど」言わないという発話とまったく同様のものとして，「謎かけ」を行っているという理解を導いている。この発話は，語るべきではないというNによる立場の表示であるとともに，その場面について，Cの経験に対して語るべき資格としてよりふさわしい人がいる，という理解を導く。つまり，「新妻」によるカテゴリー化の後で，Y自身はまったくそれまでに言及していない「何（か）ひっかかるもの」がないかについて，Nが85行目で質問しているのは，20行目における「謎かけ」を受けて，Y自らがカテゴリー集合を参照しながらコメントをするべきであるという理解を，Yに期待される資格の理解として導いている。

　以上のような過程において，Nによる85行目の発言は，［質問］に対する［回答］の行為連鎖を参照することによって，ジョークとして示された［謎かけ］に対する，最終的な［オチ］という活動を予想させる。それと同時に，74行目のカテゴリー化を背景としてカテゴリー集合を参照しながら，（回答するにふさわしいYという）語るべき資格についての理解を，導いていることが確認できる。

　このような過程の後で，91行目から93行目にかけての発言で，YはCを［奥さん］，そしてCの夫を「旦那さん」とカテゴリー化しながら，Cへの質問を行っている。

　カテゴリー集合についての考察によれば，［夫と妻］という対関係をなすカテゴリーは，二人の人間がおかれた関係とともに，そのまま対関係としてのカテゴリー集合を構成する。この集合には，［夫―妻］をはじめとして，［友達―友達］［知り合い―知り合い］といった

要素が含まれており，個々の対関係はその集合の中における位置づけにしたがって，対をなす相手にどういう義務をもつかを割り振られる（サックス［1972a＝1989：106-107］）。サックスによる呼び方になぞらえてこの対関係の集合を「集合R」と呼べば，例3-3における［奥さんと旦那さん］という対関係は，「その一方が困っているときに「救いの手をさしのべる」義務を持つ関係」について，他の対関係よりも優先する。

　いまや，こうした記述における優先性の理解を導くために，74行目でNがYを［新妻］というカテゴリー化をもって記述したことが，理解できるだろう。YはNとのやりとりにおけるこの記述のもとで，さらに自らでCを［奥さん］という［旦那さん］との対関係において記述する。一方でこの記述は，Nが「謎かけ」として示した形で，語るべきではない資格についてN自らを記述することになる。すなわち，YはNによる［新妻］というカテゴリー化の記述のもとで，集合Rの中でも，相手に救いの手をさしのべることがよりふさわしい対関係に属しているという理解が導かれる。そのような関係にしたがって，YにはCの経験に対して，他の対関係に属するものよりも優先して語る資格が与えられる。カテゴリー化集合の参照を通じたこのような資格の理解は，同時にNにおける語るべき資格の不在として，「私が言っているのではない」（107行目）という発言の中で浮き彫りにされることになる。

　以上でNがYに対して行ったように，語りが行われている場面について相手を何らかのカテゴリーで記述することは，カテゴリー化集合を参照しながら，同じカテゴリーの「担い手（incumbent）」（フランシス＆ヘスター［2004：3a＝2014：73］）として，相手の経験に同意したり評価する資格についての理解をそうした記述のもとで導く。ここで例1-2をさかのぼれば，記者は自分の［赤ちゃん］に言及すること

で，映像上の経験を共有する資格を自らに与えていたと考えられるのに対して，例3-2・3-3においては，Cの経験に対してYが語る資格は，むしろNにおける資格の不在の明示という記述のもとで成立していた。

　したがって，オーセンティシティにおける本人としての語りもまた，その語りを行う本人をいかに記述するかにおいて構成されるだけではなく，例3-2・3-3のような本人の経験について，語る資格が記述される相互行為の場面に依存しながら，当事者以外を交えた活動として実践される。このとき，その経験についての「当事者である」という理解そのものも，表現に埋め込まれた記述上の結びつきにしたがって，人々により協同的に産出される可能性が指摘できる。

　ある経験に対する，カテゴリー化による資格の参照を，このような相互行為の実践にしたがって考えることが可能であるならば，そうした実践に参与する限りにおいて，カテゴリーの担い手は，ちょうど例3-3のNとYとの関係について確認したように，単独でなければならないどころか，むしろ何人いてもよいことになるだろう。冒頭のドキュメンタリーにおいても，レポーターの目撃経験そのものが，あらかじめ台本として（ディレクターなどの）他人により記述されていた可能性もあるように，メディアにおいては，経験の資格を記述する実践の担い手が，あらかじめ複数のものに分離される。そうした担い手が，場面ごとそのつどの状況における記述の実践に即して調整されること(5)によって，あらかじめ受け手の立場と完全に切り離された（つくりごととしての）非日常的な経験にも，逆にメディアに登場するに値しない平凡な経験にも固定しない，メディア上に表現された経験としての独自の配置がなされていると考えられる(6)。

■ 経験の社会的な配置に向けて

　この章では，経験を語ることを焦点に，表現を理解する実践が，送り手と受け手それぞれにおいて，自らを含む人物の記述のもとでカテゴリー集合を参照しながら実践されていることを確認してきた。

　こうした観点において，映像制作や語りなどの作業には，その表現における記述上の結びつきにしたがって，受け手が理解する実践があらかじめ埋め込まれているともいえる。特にオーセンティシティとして，「事実」の理解が，本当の経験において導かれる場合，その表現においては，経験の当事者や，語りの受け手としての資格を調整することが実践上の目的となる。

　この目的において，表現を実践することは，ある経験の社会的な配置や，経験にともなう規範の参照に則って行われるものと見なせる。本章ではひとまず，直接に経験していることと，単に事実として知っていること（知識）を分けて，その区分における規範的な働きについて考えてきたが，さらに知識の配分においても，区分された規範の参照から表現の実践を考察する可能性も考えられる。この場合の表現の実践は，「きのう，自分ちの近くで見たんだけど」といった形で相手が明らかに経験として持ち得ないことを示しながら，ある「事実」をニュースとして他人に報告する，といった活動に相当する（岡田［2007b］）。

　この点から補足的にいえば，例3-2・3-3におけるCの語りにおいても，「夫に5万円渡したらそれをパチンコで使われてしまった」というCの語りから，受け手の資格についての理解が直接導かれているわけではなかった。むしろ，NやYのやりとりを通じたカテゴリー化によって受け手との記述上の結びつきが参照され，その記述のもとで，語りから受け取られるべき経験の内容や，経験における当事者性につ

3章　メディアに登場する人物は，送り手側の都合で「心にもないこと」を話しているのか

いての理解が導かれていた。

　その一方で，経験の社会的な配置を，文化的に秩序性をもった制度や慣習になぞらえて考えていくことも可能だろう。たとえば，「日本人であること」を，「日本人としての経験」になぞられて考察すれば，「日本人であること」に対する理解は，人々が自らの経験を記述する語りの過程において，「日本人としての経験」に関わる資格を調整する実践に依存しながら導かれる（西阪［1997］など）。

　本章はその点で，メディアで表現される経験のもつ社会性を，受け手の実践に即して分析する手がかりの一端を示したに過ぎない。しかし，ある表現についての送り手と受け手の立場をあらかじめ完全に切り分けた上で，送り手が自らの都合にしたがって経験をねつ造しているか，あるいは受け手がその経験に対して，事実の共有が客観的に認められる限りにおいてのみ共感する，といった形で，それぞれが独自の権限において表現に関わっているとする観点からは，それこそ社会性をもった理解への視点はまったく望めないものとなるだろう。

[注]
（1）　たとえば日本における広告表現の動向について分析した難波［2000］は，1980年代以降，受け手が広告表現についての読解に成熟したことによる変化を指摘している。それは，送り手側が「これは広告である」ということそのものを表現に織り込むようになったということで，そのような変化が生じたのは，広告表現がある種のつくりごとであることを，視聴者がすでに知っていること自体に対応して，送り手がいわば戦略的に表現を行うようになったためであるという。
（2）　以降で注意したいのは，あまりに表現と受け手の乖離を強調すると，従来のメディア研究に見られたような，表現としての「記号化（エンコーディング）」に対する，受け手による「解読（デコーディング）」などとして，受け手の能動性の程度に焦点化する一方で，受け手により行われている理解の実践そのものから目をそらすことになる点である。これに対して，

本論では，あくまで受け手による表現の適切な理解の実践に焦点を当てている。そして，本論で考察している理解の適切さとは，表現における記述上の結びつきにしたがって導かれるものであって，受け手による「表現にとらわれない自由な解釈」といったものをはじめから想定するものではない。たとえば，「親子が歩いていました。その男女は……」といった記述がその結びつきにおいて（一貫性規則から）ふさわしくないという理解は，個人（人それぞれ）による「解釈の自由」以前のものである。

（3）　日常の会話においては，同じ経験がないことにより，ただちに経験に関わるすべを失うわけではない。本文で紹介した，経験を評価するのもその一つのやり方である。さらに，「経験を語ること」があるカテゴリーに属する人々において行われていることが共通の理解としてもたらされているのであれば，（その資格のもとで）「経験がない」ことを報告することもふさわしい理解を導く。

（4）　注2での指摘と合わせて，この点からも，表現と受け手の実践を初めから切り分けて論じることの問題が指摘できる。理解の実践は表現（映像）中に埋め込まれているものであって，その実践において表現側と受け手側を分かつものはない。もちろん，たとえばここで紹介している例 1-1 の映像や例 1-2 の記事について，受け手側が実際の「家族」の問題として扱わないこともあり得る。しかしそのことは，受け手の意思に依存しているというよりも，（経験を共有するための）カテゴリー集合の適用そのものに依存している。逆に映像上の表現を自分のことに引きつけて理解する際に，家族という記述上の結びつきを利用することは，一般性をもっている。

（5）　5章で詳しくみるように，ゴフマンは話し手がトークにおける参与枠組みを切り替えること（フッティング）によって，話し手が相手と「さまざまな関係性や距離をとることによって自然な会話の自由さや柔軟性」をもたらすことを指摘している（Goffman [1981]）。このような「自然な会話」としてのトーク（フレッシュ・トーク）が，ある資格において語ることを，社会的地位や制度上の「権利や義務」といった形で限定させないようにするはたらきをもっていることも，注目される点であろう。

（6）　メディア研究として，A.トールソンはいわゆる有名人（celebrity）のトークを分析する中で，そこにオーセンティシティの問題があることを指摘している（Tolson [2005]）。いわゆる有名人が放送番組で語ることは，

不特定多数の人が聞く放送において，より多くの人が耳を傾けるきっかけをもつ。しかしながらそのきっかけは，まさに有名人が語っているという点で，次のような問題を生じることにもなるという。つまり，有名人であることが前面に出ることによって，いかに本人が自分の経験をありのままに語っていたとしても，それはあくまで放送されることを前提としたつくりごととしてとらえられてしまい，視聴者におけるオーセンティシティを失ってしまう。しかし，その経験があまりにも平凡で誰にでもあるようなものになってしまっては，放送の内容として他人が傾聴する価値も失ってしまう可能性が生じる。

（7） 西阪はラジオのトーク番組の中で，外国人留学生が日本での経験について語る場面において，聞き手であるアナウンサーが「日本人としての経験」において，経験を語る資格を調整する実践を分析している（西阪［1997］）。

4章 スポーツ中継は見れば分かるようなことを余計に飾り立てているのか

■ メディアの中のスポーツ

　現代のメディアを語るうえにおいて，スポーツというコンテンツはますますその重要性を増している。このことは，身近にあるメディアを取り上げてみれば，すぐに気がつくことだろう。新聞では従来に比べてスポーツ面のページ数が増加しているだけでなく，オリンピックなど大きなイベントがある際は数ページにわたる特集紙面が構成されることも多い。ニュース番組でも，いわゆる「スポーツコーナー」がレギュラー枠で相当の割合を占めているだけなく，スポーツに関する話題が社会情勢などより先に報道されるようなことも珍しくない。

　一方，放送番組を提供する立場においても，スポーツ番組のコンテンツの「強さ」はしばしば指摘されることであり，特に昨今，視聴者の志向が多様化する中で，高視聴率を確保できる期待がもっとも大きいとされるのがスポーツ中継である。2009年の年間視聴率ランキング30位のうち，ほぼ半数がスポーツ中継番組によって占められていたというデータもある（渡辺［2010］）。

　このようなスポーツ中継に対する人々の熱い関心が見られる一方で，スポーツ中継番組に対する評価は，必ずしも芳しいものばかりではない。特に，近年目立つのは，中継の主体をなす実況・解説に対する批判である。アナウンサーの過剰な修飾表現だけではなく，ときには解説者も一緒になってあたかも特定の競技者だけを応援しているような，

絶叫と興奮状態をともなった発言に対しても，それを「余計なもの」として戒める意見も多く見られている。同様な批判は，実況・解説以外の部分にも向けられており，選手へのインタビューや，時にはタレントとのトークなども交えた「過剰な演出」に対しても，専門家だけでなく一般視聴者から非難の的になることが多い。

こうした批判や非難に関する具体的な事例については後に見ていくとして，ここでは，スポーツ中継で行われている実況・解説は，いわゆる「余計な演出」として，「スポーツを見ること」をひたすら阻害するものだけになっているのだろうか，ということを問うてみたい。そうした見方は一方で，特にテレビで中継されている状況については，「見れば分かる」のであるから，実況・解説はあくまでそれをむやみに飾り立てているものに過ぎないとする意見にも通じている。

さらには，近年の多チャンネル化やインターネットの普及により，競技会場で撮影されている映像を音声もそのままに視聴することなども可能になっている。

他方で，「感動」ということばに多く表されるものとして，放送番組での実況や演出が，人々がスポーツに関心を持つ上での動機付けとなっていることも指摘できる。画面上に映るさまざまな人々の動きについて，それが競技の展開についてどういった意味をもち，あるいは技術として何が凄いのか，といったことが分からないままに見ることは，スポーツそのものへの関心をそぐことにもなるだろう。

こうした状況に対して，スポーツ中継を番組として放送する側が何を提供すべきなのか，という問題が出てくる。この問いに対して，本章では，単なる番組演出の是非や視聴手段の選択といった点からではなく，競技が進行している状況を表現する作業と，その表現を視聴を通して理解することという，大きく見て二種類の行為の側面から考えていく。特にデータとして実際の中継番組においてなされている実

況・解説の場面を取り上げ、そこでどういった表現に関わる作業が行われており、さらにそれが「スポーツを見ること」とどのように関連しているのかを、「規範の参照による表現の理解の産出」から捉えなおす。以上を通じてメディア上の表現を理解する実践に即してスポーツ中継について考えていくことをねらいとしている。

■ 実況の問題

まず、実際のテレビ中継における実況・解説に対してなされた、次のような批判から考えてみることにしよう。

> 基本的にテレビは、見ていればわかる仕組みである。……解説者がまったく不必要だと示してくれたものとしては、長野冬季オリンピックのスケートやモーグルでの、視聴者を無視したようなテレビ放送を思い出してほしい。……時間が制約される種目に、その間隙をぬって「解説」をするなどとは、考えるまでもなくおかしなことであった。……応援席の観客さながら、モーグルでも「いいですね」「走れ」……と、なにが専門職か、と思う人が解説者という名前いう名前で登場する低次元の放送に接し、即刻廃止を思ったほどである。(水谷 [2000：22])

このような批判は、特定の競技に限定されず、なお多くの競技の中継について指摘されるものだろう。この例では、特に競技時間が短いものを解説することが、主旨として批判されているが、その批判の裏付けとしては、解説が「視聴者を無視している」ことと、解説者が応援すなわち「専門職」にふさわしくないふるまいをしている、ということがある。そうした点への批判も含めれば、冒頭に見たテレビ中継番組一般への批判にも大きく通じているものと考えられる。

4章　スポーツ中継は見れば分かるようなことを余計に飾り立てているのか

　さらに，従来の社会学での研究から，こうした実況・解説による中継の形式には，ある種の「危険性」がともなうという指摘もなされている。

　まず阿部［2002］の指摘によれば，「実況」には，人々を大いに熱狂させる一方，他方で「何の面白みも感じさせない危険性」があるという。それは，対戦競技で一方が他方を勝負にならないほど圧倒してしまうワンサイド・ゲームなど，放送する対象の競技結果や経過に実況が左右されてしまうという偶発的なものにとどまらない。むしろ，その「危険性」は競技の事情よりも実況そのものが持つ構造的な要因にもとづくとされる。

　その要因は，生の実況では「物語」としてスポーツを伝えることが困難である，という点に求められている。つまり，実況では特定の選手を主人公として設定し，その人物が「主役」として活躍したり，「見せ場（クライマックス）」となる場面などを競技内容についていくらか筋書きをもった形で構成して放送しようとしても，文字通り「筋書きのない」現実の展開に依存することによって，そうした「物語」として構成する表現の仕方が拒否されてしまうというものである。その一方で，こういった実況の構造がもつ危険性は，実際の競技が行われる前にさまざまな「物語」をあらかじめ付け加える手法として，「日本人の組織力」や「黒人選手の身体能力」など，競技者の境遇についてナショナリズムや国民性に関わる部分を強調するようなメディアの語りを招きやすくする傾向としても指摘されてきた。

　森田［2009］の紹介するイギリスでのテレビ実況の研究例にしたがってこの点を詳しくみてみよう。その実況は，1990年のサッカーワールドカップ・イタリア大会におけるカメルーンチームに向けてなされたものであった。この大会が初出場となるカメルーンの活躍をイギリス国内の人々に放送するにあたり，送り手はカメルーンという国とそ

のチームのサッカーをどのように特徴付けるのか、ほとんど手がかりがないという問題に直面した。その対応策の一つが、カメルーンに対して「リズムとスタイル」などの人種差別的ステレオタイプをともなう「物語」を加えることであった。

この研究例から、実況が参照しやすい物語を欠くことで、放送するにあたり「面白くない」ものになるという危険性のほかに、物語の欠落を補完するために、ステレオタイプと結びついたナショナリズムを呼び込みやすくなるという、もう一つの危険性を持つことが森田により指摘されている。さらにこの研究を日本のスポーツ実況に応用した分析（森田［2009］）などで示されているように、後者の観点からメディアとナショナリズムが結託する危険性を指摘する議論は非常に多く、その点は、以上に見てきた批判にも関連する部分をもつ。

しかしながら、ステレオタイプやナショナリズムとの関係は本書の関心を外れるものであり、以降ではむしろ前者の「面白み」という表現の問題に関わる部分を、本書の3章との関連からとらえなおしてみたい。「面白み」というのが表現の方法に関わる問題であることは、阿部がこの実況の構造にもとづく危険性を指摘する際に、ドキュメンタリーとの対比をしていることから明らかになる。阿部によれば、スポーツ・ドキュメンタリーは、スポーツが引き起こす感動をあらかじめ構造化すること、すなわち特定の登場人物が一連のストーリーにしたがって繰り広げる「物語」に関連したさまざまな要素を拾い上げることで、「生の実況」に対して優位に立つという。このような構造的な「物語」を仕立てる表現方法を阿部にならって「感動の文法」と呼ぶのであれば、ドキュメンタリーはまさに、実況が「危険性」を持つことに対して、制作者が現場で取材したさまざまな発言や場面を「感動の文法」にしたがってつなぎ合わせることで、「面白さ」を提供するより強い可能性をもつことになる。それはちょうど、3章でのドキ

4章 スポーツ中継は見れば分かるようなことを余計に飾り立てているのか

ュメンタリー番組の制作者の発言に見られたように，スポーツをメディア上で表現する際に非常に重要な演出となる。

以上の問題を，冒頭の批判とともにあらためて実況の問題に返せば，実況とは，「物語」としての構造化を拒否するがゆえに「面白み」を欠くものとなる。特にテレビ中継は本来「見ていればわかる」ものに対して，競技進行と関係のないあらかじめ仕掛けられた演出や個人的な感情による応援などの「余計なもの」を恣意的に潜り込ませる危険性をはらむ，ということになる。繰り返すように，その「余計なもの」にナショナリズムが入ることが，ここで問題としていることではない。

そこで本書がまず問うのは，あくまで表現の問題として，実況の「面白み」のなさというのが，つまりは「物語」でないことによるのか，という点である。さらにこの問いは，果たして「生の実況」とは，本来として構造化された表現をすることが，競技進行の展開に一方的に依存しているために困難であるのか，さらには，実況・解説とは，表現方法として「物語」のようにデザインされた記述を通じて規範的に理解を導くことがないものなのか，という問いに展開する。そこで，まず分析する必要があるのは，実況・解説が行為としていかなる形で構造化されており，その構造は競技進行にまったく依存するものなのか，という点である。

さらに，実況・解説における表現がどのような規範の参照に則って，「スポーツを見る」ことにおける理解をいかなるものとして導いているのか，という視点も必要となる。

残念ながら，以上に挙げた研究を含め，こうした観点によって実況・解説を分析した研究は次に挙げる岡田［2002］を除いてほとんど見られていない。そのため，以降ではこの岡田の研究にしたがって，実況が解説における行為が持つ構造的な特徴をとらえなおすとともに，

その表現もまた、規範に照らして導かれる理解に大きく関連していることについて見ていくことにしたい。

■ 中継における発言の構造化

これまでの本章の表現では、あえて実況・解説というものを特にそれぞれで区別することなく用いて来たが、岡田によれば、中継における発言を構成する際に、この二つは単なる放送で発言する人物を特徴づける役割ではなく、発言に順番としての区切りをもたらす手続き上の役割として分析されるものである。

それは分析上、次のような役割にしたがった隣接ペアのフォーマットで表される。

［フォーマット１］
実況：［さあ／反応的な声］＋［場面の記述］
解説：詳しい［記述］かつ／または［評価］

つまり、会話において隣接ペアをなす発話が、〈質問―回答〉、〈注意―謝罪〉といった行為の連鎖を参照する際とまったく同様に、スポーツ中継においても第一対成分および第二対成分の位置におけるそれぞれの発言が〈実況―解説〉という行為連鎖を参照するようにデザインされることで、発話内容の理解が導かれる。

以下にそれぞれの発話について詳しくみていくことにしよう。

まず実況においては、「さあ」または「反射的な声」によって開始され、その後で放送として伝える場面の記述が行われる。

このうち、「さあ」という間投詞は、実況だけでなく、３章の司会による発言でも見たように、放送番組を進行させる際に見られるも

ので，出演者や視聴者をいざない，これから放送される出来事に対して注意を向けさせる場合によく使われる言葉である。実況においては，映像場面が転換する時だけでなく，画面上に起こる出来事に注意をうながす際にも用いられている。

そして，「反応的な声」とは，元々はゴフマンによる用語 (Response Cry, Goffman [1981]) から取られている。その原義にしたがえば，「状況（の変化）について発せられる発声」と定義することができる。これはたとえば，あなたが何かの行列に並んでいるときに「あ，忘れ物をした」と言ってから列を離れたりするときの，「あ，」という発声などの例で見られるものである。この場合，「あ，」というのは行列に並んでいる状況に対して「忘れ物に気づいた」ので行列を離れるという個人的な事情を表現しているといえる。それと同時に，その発話はその発話をしている人々を取り巻く社会的状況への反応を示すものとなっていることに注意する必要がある（阪本 [1991]）。つまり，行列に並んでいるときに「忘れ物をした」事情を発話として示すということは，その行列を離れなければならないことを周囲の人に対して説明し，その結果，「行列を抜けること」すなわち，後ろの人は発話者の確保していた順番を守る必要はない（発話者が順番を放棄した）という理解を産出するという点でまさに，社会的な状況の変化の手がかりを示すものになる。

逆にこのようなはたらきに着目すれば，日常において私たちが状況の変化について理解を導こうとする場合，このような反応的な声を手がかりにすることで，そこで参照されている機能をとらえることが可能になる。この反応的な声は「状態変化徴表 (change of state token)」などと呼ばれることもあるように，人々が行為を行っている状況の変化についての理解を示すマーク（徴表）となっており (Heritage [1984])，さらにはトラブルなどの行為連鎖の参照に関連

しうる出来事の発生を際立たせるものとしても日常的な相互行為における手続きになっている（Goodwin [1996]）。

本論の観点からいえば，こうした反応的な声に注目することもまた，表現における記述のもとでの理解を考察する点で重要となる。3章冒頭のドキュメンタリーの例では，レポーターによる「あ，橋から人が落ちている！」という発話に見られた「あ，」という発話もまた，このような状況の変化を参照して視聴者の理解を導いていた。

表現において社会的状況の変化を示すということは，それまでになされていた記述について参照される対象や，あるいはその記述間の結びつきについて変化が起きたことを周囲に対して明示することとみなせる。

反応的な声は，このような表現における記述について参照が行われる状況の変化を示すための，ある「きっかけ」を見せるということにもなる。たとえば会話をしているときに，時計などに目をやり「あ，そろそろ行かなくては」と発話することによって，会話を終了に導くことは，対面でも電話も共通して見られる会話の終了の「きっかけ」になっている。これはただ会話の機会（時間）が有限なものとして特定されていることだけではなく，そのような事実の特定が，そのまま当該の会話がいまどのような場面にあるのかという理解を導く方法にもなっていることを示す。ここから，行為の理解について考える場合，反応的な声に着目しながら相互行為をとらえることは，人々がその場面の理解を産出する際に参照している規範をとらえる意味をもつことになる。

中継場面における反応的な声もまた，中継対象となる場面の記述について，ある状況の変化を視聴者に対して示すものになっている。つまり，反応的な声は，メディア上の表現として実践されている記述すなわち実況において，状況の変化を参照して視聴者の理解を導く「き

4章 スポーツ中継は見れば分かるようなことを余計に飾り立てているのか

っかけ」となっている。

それでは例 4-1 にあるスキー競技のモーグルの中継例で見てみよう。

例 4-1（岡田［2002］より）
1　実況：さあこのターンそしてスピードが持ち味＝
2　解説：＝ええあの，吸収を：深く使って，え：的確にきてますね．
3　　　　今のところ，いいですよ

　これはスタート直後の選手のターン（スキーを回す動作）について発せられた実況である。大きな斜面の隆起（コブ）をぬって滑るモーグル競技では，最初のターンでうまくリズムやスピードに乗ることが肝要となっている。この例 4-1 の 1 行目の発話では，「さあ」という反応的な声とともに，スタート後のそうした選手の状態を場面の記述として行っている。

　この実況の発話につづいて，2 行目での解説の方の発話について見ていくと，実況により記述された場面について，さらに「詳しい記述」を行っているという関係が見られる。例 4-1 でいえば，1 行目の実況にある「このターン」という記述に対して，「吸収を深く使って」「的確に」であるというターンの特徴をさらに詳しい形で記述している。このとき，選手がターンをしているという動作を記述するのと同時に，「吸収」や「（タイミングの）的確さ」という，専門的な知識から秩序立てる部分が見られる。

　解説の発話においてなされている「詳しい記述」については，あくまで実況においてなされた場面の記述に対応して，その詳しさが相対的に決まることに注意する必要がある。つまり，行為連鎖から切り離して，単に専門的な知識からなされる発話が，この場合すべて詳しい記述に該当するわけではない。その一方で，たとえ実況と全く同じ発

話を繰り返す場合であっても，内容的な意味で解説にはならないにもかかわらず，行為連鎖の参照によって解説という理解を産出することは，以降で分析を進める際に重要なポイントとなる。

解説の位置にある発話についての，もう一つの特徴は，実況での記述に対して，ときには専門的な知識を示しながら，それを「評価」することである。この評価の多くは「いい」「よくない」「だめ」といった言葉で表されるが，記述と評価を意味的に分けるものは，隣接ペアをなす実況における記述との関係において相対的に決まるものであり，実況の位置にある発言中の記述に評価的な内容が見られるからといっても，こうしたフォーマットによる分析を損なうものではない。

ここであらためて注意したいのは，〈実況—解説〉という行為連鎖について，個々の理解が導かれることであり，それは同時に，スポーツ中継での個々の発言者が，行為連鎖の規範を参照するように記述を行っていることを示すものである。つまり，実況でなされた記述の後で解説によってなされる「詳しい記述」とは，あくまで先行する実況の活動における記述のもとで，相対的な形でもたらされるものとなる。その意味で，「注意」の前に「謝罪」が来るように「実況」の前に「解説」となるような発言の理解が実践されることはないだけでなく，実況が「詳しい記述」をした後で，解説がなされることはない。フォーマット1は，こうした規範を参照した上での発言の位置を標準的に示したもので，単なる分析上のモデルではなく，人々がすでに行っている実践をこのように特徴づけるものである。

■ リュージュ競技実況における実践

それでは，実際のスポーツ中継は，以上にみた〈実況—解説〉という行為連鎖を参照することによって，どのように中継の理解を導いて

4章　スポーツ中継は見れば分かるようなことを余計に飾り立てているのか

るのだろうか。その点を実例にそって細かく見ていくために，ここでは2010年の２月にバンクーバー冬季五輪でおこなわれたリュージュ競技の実況を取り上げる。

オリンピック競技種目としては60年以上の歴史を持つリュージュ競技であるが，日本ではオリンピック期間中でも地上波で放送されることはほとんどなく，冬季競技の中でも特になじみが薄いものであるともいえる。しかしながら，2010年の本大会では不幸なことにグルジアの選手が練習中に死亡するという事故が大きく報道されたため，名前だけは耳にしたことのある読者もいるかも知れない。

ここでリュージュ競技をとりあげているのは，他のスポーツ競技の多くがそれぞれに細かいルールや複雑な技術や戦術によって成り立っているのに対して，単純明快に「ソリに乗ってコースを早く滑り降りたものが勝ち」という以上に，競技としての説明をあまり必要とせず，スポーツそのものに疎遠な読者にも理解しやすいと考えたためである。もちろん，一見単純に見えるこの競技も，競技固有の知識や技術への理解が要求される中で実況・解説が行われていることは先に指摘しておく必要があるだろう。

この競技は，何といってもそのスピードに特徴がある。ソリは時速140キロに達することもあり，そのため，試技一回あたりの競技時間も平均40秒台と，非常に短時間である（実際には４回試技を行い，そのタイムを合計して競う）。結果の差もわずかなものとなるため，千分の一秒まで公式的に計測される。

一回あたりの競技時間が30秒足らずのモーグル競技に対する実況が批判されることと同様に，競技時間が著しく制約される中で，選手の微妙な操作やわずかなソリの動きの差を争う種目に，実況・解説をすることは，本章冒頭での批判のように「考えるまでもなくおかしなこと」に思えるかもしれない。しかし，実際は短い時間だからこそ，場

面の記述を通じて,「何をどのように見るか」についての正確な理解を導くことが要求される。もし一切のことばによる表現がなければ,タイムが計測されているとはいっても,文字通り「ソリで滑り降りるところ」をただ見ているという状態になりかねない。

それではこのような競技について,実際に実況・解説によって記述がなされることで,中継場面においていかなる理解が導かれるのだろうか。

それでは早速スタートから見ていくことにしよう。

例4-2

(A:アナウンサー　C:解説者)

※／は映像や表示が切り替わる開始部分（／／は終了部分）を示す

```
 1　A：48秒489以上を出しますと／（0.3）
 2　　　　　　　　　　　　　／《次の番を待つメラー選手の映像》
 3　A：メ／ダルが決まります．アルミン・ツェゲラ：．（0.2）
 4　　　／《ツェゲラー選手の映像》
 5　A：三連覇を狙ったツェゲラ：ですが，トップのロッホとの差は
 6　　　かなり：
 7　　　差がつきました．ですから五大会連続のメダルなるかどうか．
 8　　（2.2）
 9　A：リレハンメル，長野，ソルトレイクシティそしてトリノと：
10　　　メダルをとってきた：
11　　（0.2）
12　A：アルミン・ツェゲラ：（0.2）イタリア36歳．
13　　（1.2）
14　A：さ：メダルに向かいます．　　　　←
15　　（1.0）
16　C：ふつうに滑れば，問題ないですね＝
```

4章　スポーツ中継は見れば分かるようなことを余計に飾り立てているのか

17　A：＝はい＝
18　C：＝はい
19　　　(2.1)
20　C：このへんは経験/が［生きてくると思いますけど］
21　　　　　　　　　　/《中間計時1の表示　−0.02》
22　A：　　　　　　　　［ま　ず　入　り　は］　　　　　←
23　C：はい＝
24　A：＝入りはそれほど速くありませんけども (0.2)
25　　　　　　　　　　　　　　//《中間計時1の終了》
26　A：こっからです．　　　　　　　　　　　　　　　←
27　　　(.)
28　C：は：ここからの差ですね．次の中間が．どのぐらいになって
29　　　るか．
30　　　(.)
31　A：デムチェンコとの差：(1.0) この差がメダルとの差．
32　　　(1.0)
33　C：ここ：注目ですよ．つぎ．/　　　　　　　　　　←
34　　　　　　　　　　　　　　/《中間計時2の表示　−0.04》
35　　　(0.2)
36　C：はい＝
37　A：＝ん：百分の四秒
38　　　(1.0)
39　C：や，微妙ですね：
40　　　　　　　　　　　　　　//《中間計時2の終了》

　例4-2の冒頭にあるように，状況としては過去3回の試技合計タイムが4位以下の選手が全員，4回目の試技を終えていて，残り三人の試技を残すところでここに登場したツェゲラーというイタリア人選手が，今回の最終試技で，現在合計タイムが1位であるロシア人選手

(デムチェンコ)より早い合計タイムを出せば，3位以内の入賞となり「メダル」が確定するという，勝負のカギとなる場面であった。さらには，メダルが確定した場合は，オリンピックの5大会連続で3位以内に入賞したことになり，この記録は日本人でも柔道の谷亮子選手が持っているが，世界的に見れば数名にも満たないという記録となるもので，この回の競技結果が非常に大きな意味をもっていた。

そこで，スタート直後に発せられる14行目のアナウンサーAの第一声を見ていくと，「さあ」という発話をまさにともないながら，「メダルに向かいます」という発話を続けている。このような発話は，12行目までの説明と関連しながら，スタートを切ったという場面を，一つの興味を喚起する導入部分として記述している。そして，その実況の発話の後にCによる16行目の「ふつうに滑れば問題ない」という解説がなされているが，そこでは，12行目の「メダルに向かう」という記述に対応する評価として，「問題ない」という発話がなされている。さらに，この評価は「以後の選手によるパフォーマンスを評価する基準」（岡田［2002：174］）をAや視聴者に示す解説としての理解を導いている。

続く20行目では，19行目における比較的長い中断の後，Cによる発言が開始されている。ところが，この発話が続いているところで，22行目の「まず入りは」というAの発言が開始されている。ここで，1章で見た順番交替の規範から，Cの発話の途中で，Aの発話が「重なり」を生じることで，Aによる「割り込み」が行われているという理解が導かれる。

この「重なり」（オーバーラップ）の状態に対して，23行目でCは「はい」と発言することによって，あらためてAに発話の順番として配置している。そこで，Aは，22行目とほぼ同じ形で「入りはそれほど速くありませんけれども」という発話をあらためて開始している。

4章　スポーツ中継は見れば分かるようなことを余計に飾り立てているのか

　このようなオーバーラップにおける展開は，日常の会話に見られる「会話の開始部の再利用（recycled turn beginning, Scheglof［1987］）」という手続きに則って，発話の順番についての理解を導いているものとして見ることができる。この手続きとは，二人の話し手による発言にオーバーラップが生じたとき，どちらか一方が発話を中断し，その後で，一方の順番があらためて確保されたときに，中断した発話を同じ言葉によって「やり直す」というものである。

　1章で触れたように，このような手続きは「修復」と呼ばれるものにあたる。つまり，オーバーラップという事態において，このような手続きにより本来の単位においてなされるはずの発話の位置が当該のトラブルの中で参照される。この「再利用」のうち，特に同じ言葉を「やり直す」という手続きにおいては，中断した発話に含まれていた冒頭の言語要素（この例でいえば22行目の「まず」ということばに当たる）は省略されることがある。その省略によって，以前の発話を「中断した活動」として記述し，さらに同じ言語要素によって，「中断した発話に続く活動」という記述がなされる。

　さて，24行目において，そうした手続きに則って「再開」された発話によって，Aは「入り」が「それほど速くありません」という記述を行う。それに続けて，Aが26行目で「こっからです」という記述を行うのに対して，28行目でCは「は：ここからの差ですね」という形で，同じ「ここから」という言語要素を含んだ記述を始めている。

　ここで20行目から28行目までに展開している状況をあらためて整理するならば，Aにより22行目で開始された「入り」という記述は，オーバーラップという事態を受け，24行目でその開始部を再利用する形で，あらためて記述として実践される。特にここでAが行っているのは，この選手の試技の流れを，20行目までの時点で「入り」と記述した上で，さらに26行目からの「こっからです」という発話によっ

て,「入り」の次に位置づけられる場面として記述することのように見てとれる。Cは,この記述に対して,28行目で「ここから」という形で発話を始め,さらに「次の中間」すなわち中間計時という,現時点で一位の選手が,同じ地点を通過した時のタイムと,現在の選手が通過する時のタイムの差が計測される地点を示す。ここでCが行っている記述は,Aによる「こっからです」という26行目の記述のもとで,「中間(計時)」という具体的な地点における,より「詳しい記述」となっている。

以上のやりとりからも,Aが発話で場面を記述し,さらにその「実況」を受ける形で,Cがその発話において「解説」としての「詳しい記述」を加えるという,隣接ペアにもとづく行為連鎖の参照に則った理解が導かれている。

その上で,この分析の前提となる問いをあらためて示そう。まず,実況・解説が行為として構造化される際に,その構造は競技進行に依存するものであるかという問いに対しては,確かに20行目のところで生じたオーバーラップは,競技進行の事情によってもたらされていると見ることができる。

このことをあらためて場面に結びつけて見てみよう。22行目でAが「入りは」と述べて記述している対象は,それまでに行われた別の選手の試技における同じ通過地点で,同じAにより「最初の入り」という表現がなされているという観察を合わせると,21行目で表示されている「中間計時1」であることがわかる。

ここにおいて,Cが20行目で発話を行っている間に,選手の試技が中間計時1のところまで進行してしまったために,この競技の実況内容として構造的に定まっている「1回目の中間計時」の記述が,その時点ではなされなくなってしまったものと見ることができる。

しかし,すでに見たように,この事態がただちにフォーマット1で

みたような実況・解説の構造を台無しにしているかといえば、そうではなく、〈実況―解説〉という行為連鎖はそのまま保たれている。補足するならば、24行目でAは、発話の再開という手続きに則って、記述を再び開始するとともに、「速くありませんけれども」という形で、発話の文として継続した状態を示しながら、26行目の発話において、その間に進行した場面の記述をさらに加える形で行っている。ここにおいて、22行目では構造化されないかのように見えたAによる実況の発話は、それまでの「入り」の記述に加えて、次の中間計時に対する、対象への関心（志向）を含めた記述として再度デザインされていることがわかる。

　そのデザインの過程は、26行目までのAの発言によって完結しているのではない。さらにCが28行目で、Aの発話に隣接した形での「次の中間」という具体的な指示により「詳しい記述」を加えている。この一連の手続きに則り、行為連鎖を参照することによって、「入り」の記述を「次の中間」を志向した記述のもとで再度デザインするという理解が導かれる。

　以上から、実況・解説とは、表現方法として、確かに「物語」とは構造が異なるものの、以上に見たような発話のデザインを通じて、中継場面についての理解を導くという点で、構造化された表現方法であるといえる。その構造は、競技が進行する状況に単純に依存して変化するものではなく、むしろ、その構造を基準とした発話の再利用などの手続きに則って、競技の進行状況に対応した記述として、さらに構造化された理解を導く。

　この点に関して注目されるのが、Aによって24行目から26行目にかけての発話が行われる際の、発言の仕方である。まず、24行目の最後において、Aは「こっからです」という発言の前に、はっきりとわかる発言の空白（ポーズ）を置いており、そのポーズは25行目の中間計

時1の終了と同時に終了されている。逆にいえば，「こっからです」という発言は，その「中間計時1の終了」という状況をハイライトするために，そのタイミングで行われていると見なせる。つまり，このタイミングに合わせたポーズとその行での発言がなければ，中間計時1が画面から消えた（終了）ことは，画面を通して観察できる事実にはなりにくく，そのようなハイライトのための記述は，単に「ここから」ではなく，「こっから」という指示語（直示）にアクセントをともなった発言の様子によってもなされている。これらのポーズやアクセントといったものは，それ自体が何かを意味するというよりも，あくまで記述を通じて規範を参照する際の手がかり（リソース）となるものである。

　中間計時1における，こうした記述のもとでの規範の参照は，28行目のCによる発言との行為連鎖と結びついて，すでに見たような「試技の流れ」についての理解を産出すると同時に，さらに次に見ていくような「見ること」における規範の参照と結びついていく。

■ 見ることの規範

　以上のような実況・解説における表現の構造を確かめた上で，さらに例4-2の31行目からの発言を見ていこう。

　31行目でAは，28行目でのCの発話により詳しい記述として表された（志向された）「次の中間（計時）」について，「メダルとの差」という記述を加えている。これは，Aによって，自分たち（実況・解説）が行っていること・あるいはこれから行うことを表現している作業（定式化作業，水川［2007：32］）となる。つまり，中間計時に注目するということは，そのまま，「メダルとの差」に注目することで，Aの発言は，ここで行われている実況・解説の作業が「この差」すな

4章　スポーツ中継は見れば分かるようなことを余計に飾り立てているのか

わち「メダルの差に注目する」ことの指示であるという理解が導かれる。こうした作業は，14行目で反応的な声とともに開始された，「メ
ダ
・
ルに向かう」という実況における記述のもとでなされていると理解できる。

　そのうえで，続く33行目でのCによる「ここ：注目ですよ」という発言は，さらなる定式化をもたらすものとして見ることができる。果たして，その定式化の通り，35行目でのポーズと，36行目におけるCの「はい」という，対象をあらためて指示する発話とともに，「中間
計
・
時
・
2
・
」への注目が実践される。

　この注目の直後にほぼ間をおかない形で，37行目のAの発話により，フォーマット1にのっとった〈実況―解説〉の行為連鎖の開始が，「ん：」という反応的な声とともに参照される。そこでAが実況の発話として「百分の四秒」という記述を行うのに対して，Cによる隣接した位置での解説の発話として「微妙ですね：」という評価がなされる。

　以上のやりとりからも，実況・解説が，場面で起
・
こ
・
っ
・
た
・
状況に一方的に依存する形で，いわば単に「出来事が起きた」後からなされているわけではないことが示される。むしろ，「メダルとの差に注目す
・
る
・
」という記述のもとで，次に予定される行為を定式化のうちに記述し，さらにその記述の通りに競技の進行に対応しながら，〈実況―解説〉のフォーマットに則った表現を行っている。

　その指摘の上で，さらにここでは，以上に見られたような「メダルとの差に注目する」ことを，37行目のAの発話が「ん：百分の四秒」として記述していることについて考えてみたい。

　反応的な声と会話の関係のところでみたように，反応的な声は，そこで参照される規範の変化を示す。そのため反応的な声は，会話が「いきなり終わる（途切れる）」といった理解を産出することなく，

124

「終了」という状況に向かう手続きとなる。ところで、終了という状況を導くことについて、このような手続き以外にも、「もうやめよう」・「終わろう」といったことばで定式化することによって、会話やメールの交換を終了に導くことが可能ではある。つまり、直接行為の変化を記述すれば、その行為についての概念によって参照される規範から、これから終了に向かう状況の変化を示すことは可能となる。

このように考えたとき、37行目でのAの発話は、それまでの「注目する」という定式化にしたがって、実際に注目する作業を行い、その行為の結果を直接（ストレートに）記述していると見なせる。しかし、「注目する」すなわち「見ること」の場合は、その対象への志向の仕方は非常に多様なものとしてあるはずだ（前田［2007：212］）。それだけに、そのようなストレートな記述だけで済まないことがある。

たとえば、36行目での「注目ですよ」というCによる発言の後で、Aが「はい、注目しました」というごくストレートな記述をしたらどうだろうか。それはおかしいという理解を導かないだろうか。しかし、同時に「注目した」ということば上の記述においては、特に間違ってないともいえる。

例4-2の37行目のときにAによって示されていた画面を図4-1に示しながら、さらに考えてみよう。興味深いことに、この画面では、画面右下に表示されている方の、ツェゲラー選手の合計タイムとしての中間計時は「2分47秒17」となっており、デムチェンコの合計タイム「2分47秒22」との差は、計算上は「百分の五秒」の差となる。おそらく千分の一秒まで計測しているシステムでの表示上の問題と思われるが、この合計タイムの方でいえば、「タイム差」は「百分の五秒」あるいは、「百分の四か五秒」と記述することも可能ではある。むしろ、放送上こうした表示の問題があることが知識としてあれば、そのように記述する方が適切であるともいえる。それにもかかわらず、実

4章 スポーツ中継は見れば分かるようなことを余計に飾り立てているのか

図 4-1　37行目の場面

況では表示の直後にほぼ間断なく左下の表示にしたがった「百分の四秒」という記述がなされている。

　以上から示されるのは，Aが個人としてミスや勘違いをしているということや，どの言い方が絶対的に正しいのか，ということではなく，以上のような点にもかかわらず，ここで「百分の四秒」と記述されることがなぜふ
・
さ
・
わ
・
し
・
い
・
のか，という点である。

　というのも，「見ること」とは，図中の場面でどの数字を見るのかという意味で，「何を見るのか」あるいは「どのように見るのか」という志向においてまず多様である。さらに「注目しました」や「百分の四か五秒」という記述のように，「どのように記述するのか」という記述の志向においても多様に考えることができる。

　このような点で，「見ること」そしてそれを記述することは，その記述のもとで多様な志向にそった理解を導くとともに，逆にその特定

126

の記述において,「見ること」のふさわしさが理解されるものといえる。この点でまず,例4-2の37行目において単に「注目しました」と発言することが,記述としておかしいのは,すでに分析したように,31行目までのやりとりで,次の「試技の流れ」における「メダルとの差」である数字に志向することが,この場面での実践上の目的となっていることからわかる。

逆に,「百分の四秒」は,それまでの実践において示された「メダルの差」という記述のもとでなされるがゆえに,記述としてふさわしいものとなる。つまり,それまでの「メダルとの差」の記述において参照された規範において,「注目」とは,タイム差に志向されたものであり,さらに「タイム差に注目する」という規範の参照において,「百分の四秒」と言い切った形で記述することがふさわしいものとなる。

こうした規範と記述の関係については,2章の例2-1において「カンザス牛」という原語を「うまい肉」という記述として翻訳した字幕のことを思い出すとよいだろう。つまり,「リスクを見ない」という活動において参照された規範においては,「うまい肉」とは,事実とは別にそうした表現内容とともにふさわしいものとなる。そしてその規範の参照は,例2-1でのニュース編集作業におけるカテゴリー集合の参照としてなされていた。

このように考えた場合,「スポーツを見ること」における「見ること」およびその記述もまた,そもそもが多様な志向においてなされるものであるといえる。「タイム差」を見ること自体は,ここで見ているリュージュ競技など,種目に特定された上での志向であるともいえる。しかし,以上に見てきたように,「何を見るか」という志向そのものが,規範的なものである以上,「スポーツを見ること」については,スポーツをメディア上で表現する理解の実践においてさまざまで

あることに応じて,具体的な実践における「見ること」の規範から考えていくほかはないものといえる。

■「動き」として見ることの規範

以上のような経緯から,本章における実況・解説への問いのうち,もう一つの,「物語」のようにデザインすることについて直接考える前に,ひき続き「見ること」に準拠して考えていくことにしたい。

とくに,スポーツにおいて肝要と思われる,「動き」として見ること(記述すること)を,例4-2に続く中継場面をもとに考えていくことにしよう。

例4-3

```
41  C:[よめ
42  A:[これがメダルとの差＝
43  C:＝そうですね,[で
44  A:              [ん:ちょっと振られたか＝
45  C:＝うん
46     (.)
47  C:そうですね:ここn今日だめですね:
48  A:え[え
49  C:  [/よくないですからね:
50      /《中間計時3の表示　-0.05》
51  A:う:ん
52     (0.2)
53  C:さあデムテ,デムチェンコが体重ありますからね:＝
54                    《中間計時3の終了》//
55  A:＝そうですね＝
```

56　C：＝はい.
57　　　(.)
58　C：デム. ［あ：どうし
59　A：　　　　［あ：ちょっと振られました.
60　　　(.)
61　C：よくないですね＝
62　A：＝大丈夫か.
63　　　(2.1)
64　　　/《中間計時４の表示　−0.04》
65　C：[ん：] 縮まってます＝
66　A：[あ：]
67　A：＝ちょっと縮まってますが，こっからデムチェンコは速か
68　　　った＝
69　　　　　　　　　　　　　　　　　　//《中間計時４の終了》
70　C：＝微妙ですよ＝
71　A：＝ツェゲラーは［どうか
72　C：　　　　　　　［あ：微妙です＝
73　A：＝メダルに向かう［少し波］打ってるが/フィニッシュは：
74　C：　　　　　　　　［これは微妙］
75　　　　　　《最終計時の表示　−0.030》/
76　　　(.)
77　C：あ：/ とりました［ね：
78　　　　　/《デムチェンコの映像》
79　A：　　　　　　　　［とりました：
80　　　(.)
81　C：とりました.
82　　　(.)
83　A：メダルをとりましたツェゲラ：(0.2) 五大会連続のメダル.
84　　　(1.0)
85　C：きわどかったです/ね：

4章　スポーツ中継は見れば分かるようなことを余計に飾り立てているのか

```
86                    /《ゴール後のツェゲラ：の映像》
87      (.)
88   A：あぶなかった．しかしとりまし[た
89   C：                           [う：ん
90      (0.2)
91   A：さすがツェゲラ：．
92      (.)
93   C：さすがですね．
94      (0.2)
95   A：ふられてかなりあぶないところもしっかりと修正して
96      (0.2)
97   A：[メダルを確保しましたイタリア，アルミン・ツェゲラ：
98   C：[う：ん
99      (.)
100  C：いや：このあたりさすがです
101     (2.0)
102  A：いや：デムチェンコとしては最後頭抱えました＝
103  C：＝ええ，と思います[ね．本当に．ま，四本滑っての差です
104        からね．
105  A：              [ええ
〈中略〉
119    《イタリアコーチのVTR映像》
120  C：＝[わ：
121  A：  [わ：
122  C：ブルガー・コーチよろこんでます．う：：ん[ほんとに
123  A：                                  [/とりました
124     メダル＝
125              《デムチェンコのVTR映像》/
126  C：＝うん＝
127  A：＝[sしてこちらはデムチェンコ．う↑う：：ん．
```

```
128  C：   [(聞き取り不能)
129     (.)
130  C：千分の三〇ですか
131  A：そうです[ね：
132  C：      [百分の三. ん：：.
133     (.)
134  A：百分の三秒差でツェゲラー，メダル．5大会連続のメダル
135     を確保しました．
136  C：そうですね．よくやりました．
```

　例 4-3 では，例 4-2 と同じ選手が，先にみた「次の中間」計時の表示（中間計時 2）の後に，ゴールするまでの間を中継している場面が続く。

　まず，42 行目からは，31 行目からの記述のもとで，タイム差への注目が 42 行目の A による「メダルの差」という記述をくりかえしながら，そのまま行われている。

　これに対して，44 行目では，フォーマットの通り，A が反応的な声をともないながら，「ん：ちょっと振られたか」という発話とともに，新たに「見ること」について記述を行っている。この部分にもまた，「見ること」において参照される規範として注目すべき特徴がある。

　すでに述べたように，それまでの記述はタイム差すなわち「メダルとの差」への注目としてなされ，その記述のもとで「見ること」について規範の参照がなされていた。しかし，ここでは，ソリの動きについての記述が実践されている。これに対して C は，フォーマットの通りに隣接した位置で同意を示すとともに，47 行目では，「ここ　今日だめですね」という評価を加えている。その際，C は A による「振られた」という記述のもとで，「だめ」という評価を単に行っているわけではなく，「ここに今日」ということばとともに記述を行ったうえ

4章　スポーツ中継は見れば分かるようなことを余計に飾り立てているのか

で評価を加えているところが分析上注目される。

　つまり，44行目ではAによるソリの動きの記述のもとで，ソリには本来速く滑るための動線があり，そこから外れた（振られた）ことがこの場面において「見ること」であるという規範が参照される。ここにおいてまず，その記述に先行する「ん：」という反応的な声とともに，参照される規範に変化があることを指摘しておく必要があるだろう。これに対して，Cはそのようなソリの動きの記述に加えて，47行目において「ここ」という地点で「今日」という時点における記述を行っている。この記述から，47行目のCによる発言は解説という発話における「詳しい記述」であるという理解が導かれる。それに加えて，ソリの動きすなわち「動線を見ること」は，先行するAの記述のもとでの志向とは異なる，新たな記述のもとで理解を導くことになる。つまり，このCによる記述のもとで，視聴するものはこの選手が，「今日」すなわち前回（通算三本目）の試技と同じ「ここ」で失敗をしていたという関連において，44行目のAによるソリの動き（振られた）の記述を見ることが可能になる。ここにおいて，ソリの動線はこの一回の試技において「振られた」と記述されるものではなく，「今日」の「ここ」という時空間の参照において志向されるものとなる。

　このように動きとして「見ること」は，たとえば時間や空間などを特定する記述によって，その志向を多様なものとする。この多様性において，動きを「見ること」はさまざまな規範の参照と結びつく。こうした規範の参照に則って動きとして「見ること」は，新聞における写真のような，むしろ実際の動きをともなわないものについて考えた方が理解しやすいだろう。たとえば，1989年の「ベルリンの壁崩壊」という記事に添えて，ある人物が壁の上で手にした「ハンマー」を打ち下ろしている写真（図4-2）があるとしよう。私たちはそこでただ単に「ハンマーが振り下ろされている」瞬間だけを見るのではなく，

図 4-2　ベルリンの壁崩壊

その瞬間の前後にある「壁によじのぼる」,「ハンマーを持ち上げる」,あるいは「ハンマーがあたった壁が砕ける」といったそれぞれの動きを参照しながら,規範的に理解を導くことになる。それは,持ち上げられているものが「ハンマー」であるという記述のもとで「ハンマー＝破壊するもの」という概念に照らしながら,一連の動きを見ていることになる (Jayyusi [1991], 前田 [2007：213])。さらに,この写真に「三十年近くにわたって冷戦の象徴であった壁が,もろくも崩れ去った」という記述がそえられていたとき,この瞬間はまた「三十年」という歴史的な位置づけ（志向）において「見ること」の理解を導かれる。

例 4-3 においても,47行目まで記述のもとで理解を導かれた「だめ」な動きは,49行目のCによる「よくない」という評価を繰り返された上で,59行目のところでAによる「あ：」という反応的な声をと

もなう「振られました」という記述と，61行目のCによる「よくないですね」という評価とともに，視聴者において「見ること」の焦点として定められる。

そして，その後の中間計時4を参照する64行目から68行目までのAとC両者によるやりとりの中で，70行目および72行目の発話においてそれぞれの「微妙」という評価をともないながら，緊張感をもった理解が導かれ，そのままゴールの瞬間を迎えていく。

その結果，ゴール地点で示された「−0.030」という計時は，85行目と88行目のAとCそれぞれの発話にある「きわどかった」「あぶなかった」という評価をくだされることになり，そのような僅差の勝利として「見ること」が最終的な場面として達成されていく。

■ 実況の「物語」と技

ところで，例4-3のゴール後の77行目から81行目にかけては，Cによる「あ：」という反応的な声とともに「とりました」という記述がなされ，AとCが交互につづけて同じ発話をするという場面が見られる。このように，あらゆる場合を通じて実況・解説の発話がフォーマットのように構造化されているわけではない。

さらに岡田によれば，実況・解説において，一方の反応的な声をともなう記述に続けて，評価が同じ人物によって続けて加えられるケースも見られるという。

しかしながら，ここであらためて確認しておけば，本章で問われているのは，中継場面における実況・解説を表現方法としてとらえたうえで，その表現を理解する実践において，どのような規範が参照されているのか，ということである。その点で，実況・解説をフォーマット1における複数人物間の行為連鎖として表したのは，中継という場

面における理解が，複数の人々により，まさにその場面について目に見える（可視的な）ものとして実践されていることにもとづいている。したがって，こうしたフォーマットによる見方は，実際の放送においても実況・解説を一人で行うということがあるように，メディア上の表現において記述のもとで理解を導くということが，（行為連鎖を参照しない）個人による単独の作業にしたがって行われることを特に排除するものではない。むしろ，単独の作業の場合，そうした参照にかかわる記述が逐一「ことば」として発せられないという点で，可視化される過程をとらえにくいという事情が考えられてもよいだろう。

その点で，反応的な声とは，実況（記述）を行うものが「いま」「ここ」で起こっている出来事をハイライトとし，それを視聴者と共有するための手がかりとして見なされることもある。しかし，すでに述べたように，そうした行為の手段としての側面よりも，「反応的な声」がまさに，人々が参照している状況の変化に関わるという点で，理解の実践を分析する上での焦点となるという側面が重要である。

そして，この状況を可視化するという点から，実況・解説における理解の実践についてのもう一つの問いである，「物語」としての構造化について考えることができる。

ここで「物語」というものを広範に定義しながら扱うことは困難であるので，規範の参照という点からその行為としての特徴を簡略に説明すれば，それは語りを行う際の「区切り」の参照として説明できる。3章でみたように，ジョークという「物語」が語られるときには「これから」ジョークを語るという部分（前ふり）があり，さらにはどこが「オチ」であるかということを示され，それが参照されることで相手のジョークとしての理解を導く。

つまり，「物語」という理解を導くにおいては，物語（を語る）部分とそれ以外による部分の境界や，筋（ストーリー）の前後関係とい

ったことも含めて，このような「区切り」としての理解が導かれる（可視化される）ことが必要となる。

そのうえで，実況とスポーツ・ドキュメンタリーを比較したとき，前者が出来事が生じる「いま」「ここ」でその場で記述を実践していくのに比べて，後者はそうではないという違いがあるものの，両者がスポーツにおいて特定の出来事を表現することを同じ目的とする限りは，そこでの活動の記述のもとで，いかなる規範を参照するのかについて考えることは避けて通れない。

ここで例 4-2 と例 4-3 を合わせた中継場面全体を振り返ってみても，「選手が余裕のスタートを切ったように見えたが中間計時に注目する限りでは微妙→中盤のミスもあり，パフォーマンスも不調なところでさらに微妙な展開になる→緊張の中でのゴール，きわどい差で 5 大会連続のメダルを手中にする」といった「物語」にそってこの場面が進行しているという理解が導かれる。

この物語とは，ここで筆者が適当に作り出したものではなく，〈実況―解説〉による記述のもとでデザインされた，一つの実践による達成として見ることができる。つまり，〈実況―解説〉という構造においてなされた，「入り」といった試技の流れや，「メダルとの差」としての中間計時への注目，そして，ソリの動線における選手の動きへの（悪い）評価といった，それぞれの記述がなければ，すなわちそのような記述のもとで「見ること」がなされていなければ，「物語」そのものを理解として導くこともできないということである。

そのときに記述される対象の選択の幅はあくまで現実の競技の展開に依存しているともいえるが，「何を記述するか」という志向そのものは，あくまで競技現場における「見ること」を中心とした実践により導かれるものとなる。

実際にそうした物語が，ドキュメンタリーという形で「後から」さ

らに別の物語としてまとめられることはあるとしても，現場を「見ること」がすでに規範を参照しながら実践されている以上は，「後から」の時点で物語化することもまた，その現場の時点での「見ること」実践に則ってなされているといえる。

　この点を確かめるために，最後に次のようなエピソードを見ていくことにしたい。

　例4-3の119行目から125行目にかけての画面上には，ゴールの瞬間時に競技中継とは別のカメラで撮影されていたツェゲラー選手のコーチが歓喜する映像と，そのすぐ後に，中継映像中にも映っていた78行目でのデムチェンコ選手が逆転されて悔しがる映像が録画再生される形で映されていた。

　しかし，Aは78行目の時点で，その映像が画面に映されていたことをとらえていて，しばらく後の102行目の時点で，やはりフォーマット1にしたがい，「いや：」という反応的な声とともに「デムチェンコとしては頭抱えてました」という発話を実践し，さらに行為連鎖の規範を参照しながら，103行目でのCによる「詳しい記述」としてのハイライトを導いていた。

　つまり，例4-2の33行目で中間計時が表示されるタイミングを見事に合わせて記述していたCの発話と同様に，102行目の時点において78行目の一瞬の表情を記述としてハイライトしたAの発話のデザインによって，119行目からの録画映像は，まさしくそのAとCの相互のやりとりによる記述のもとで視聴者の志向を導いていた。ここにおいて，119行目からの二人の対照的な映像がもたらす「物語」としての「感動の文法」は，AとCによる専門的な知識と技に支えられた記述の中にすでに埋め込まれていたといえる。

　それだけに，中継作業におけるこうした技を指摘する際にも，単に抽象的な形での経験や「心構え」などを語る前に，やはりこうした記

述のもとで理解を導く現場の実践にそってつぶさに見ていくほかはないといえる。そして，そうした観察の中でようやく，130行目のCによる「千分の三〇」(秒) という表現に込められたような，スポーツのもつ「微妙さ」や「きわどさ」といった理解を，あらためて視聴者の経験に寄り添うものとして分析できるのではないだろうか。

5章 広告は目立てばよいのか

■ 広告の前景化

　本章では，これから「広告を見る」という行為について考えていくが，その際に，次のような広告にまつわる一つの経験について見ていくことにしたい。

　それは，下記のようなエッセイとして新聞紙上に掲載されたものだった。

　　先日私はJR山手線内で，思いっきり気分が悪くなった。けれどその日体調がわるくなったのは，私の体調のせいではない。その理由は電車の中にあった。
　　車両のすみからすみまで，不気味なサーモンピンク一色がひろがっているのだ。
　　どの車両もどの車両も，実は車内広告が，すべて同じ企業の同じ商品の，ピンクのポスターで統一されていたのである。
（1990年6月9日朝日新聞夕刊15面　林あまり「広告の拷問」より）

　このエッセイが掲載された数日後，同じ車両に乗ったことがあるという読者からも，次のような投書が寄せられていた。

　　9日付本紙文化欄に，林あまりさんが「広告の拷問」という題

5章　広告は目立てばよいのか

で，車内広告について書いていましたが，私も，その山手線の車両に乗ったことがあります。〈中略〉これはひどい，と隣の車両に移ろうと思って見ると，両隣もピンク。10分間ぐらい乗るだけでしたから我慢しましたが，20分だったら降りて次の電車を待ったでしょう。(1990年6月16日朝日新聞朝刊5面「声」欄より)

これらの文章にある広告とは，「車内貸切広告」という手法として，現在もよく行われているもので，読者の中にも実際に車中で見たことがある方がいるかもしれない。エッセイや投書に見られたのはこの手法が導入され始めた頃の反応であり，現在において定着する中で，こうした反応に見られるほどの嫌悪感を多くの人々にもたらしているとは考えにくいし，こうした手法が登場した初期に特定の反応だったとも考えられる。しかし，それにしてもなお，これらの文章に見られる人々の反応が，特に外の風景や新聞などに目をやることも許されず，ひたすら中吊りや壁面を注視するように強制されていたわけでもないのにかかわらず，「気分が悪い」とか「ひどい」といった形で表現されるのは，単にこの広告の色調の問題や，広告内容そのものへの嫌悪によるものではないと考えられる。エッセイの同じ文章の中ではこうも述べられている。

私は，たくさんの種類の広告がランダムに並んでいるいつもの電車が，急に恋しくなった。いろいろな広告をぼんやり眺めているときに気分がわるくなったことは一度もない。車内で字を読むのは苦手なはずなのに，週刊誌の中づり広告の見出しは無意識に全部読んでいて，貴重な情報源にしていたことも気がついた。なのに電車は，急に，私に"閉所恐怖症"という言葉を思い出させるほど，居心地の悪い場所になってしまった。

そして、貸切広告について、あらためて「見たくないものを「さあ見ろ、さあ読め」と拷問を受けているのと同じこと」としているのだが、つまり、ここにはたくさんの種類の広告が読めない不自由さとともに、広告が一種類になることの強制力が指摘されている。しかしそれにしても、本当に「さあ読め」と言われているわけではない一方で、素朴に考えればもともと広告とは、目立つことを目的としていることにはじまり、ある意味で「さあ見ろ、さあ読め」主張するところがなければ広告にならないのではないか、とも考えられる。それでは、このような貸切広告と、「いつもの電車」にある広告の違いとは、いったい何に求められるのだろうか。

　この問題を考える手がかりとして、日常に見られる言語を使った行為（言語行為）として、広告が持つ特徴を見ていくことにしたい。辻は、広告という言語行為を、別種の言語行為と比較した上で、それが「逆説性」を持つことを指摘している（辻［1998］）。逆説性とはこの場合、広告が本来的性格として「物を売る」という目的をもつがゆえに、当の目的達成が言語行為において逆に阻害されてしまうことをいう。辻が例としてあげる、次のような二つの言語行為を比較してみよう。

(1) これはあなたへの広告として言うのですが、
　　この商品はよいものですよ．
(2) これはあなたへの助言として言うのですが、
　　この商品はよいものですよ．

　両者を言語行為としてみた場合、(2)が通常に見られるものであるのに対して、(1)は通常は見られない不自然なものであり、その不自然さからさらに「この商品はよい」というメッセージの信頼性も疑わ

5章 広告は目立てばよいのか

しいように思われてくるという。

このような不自然さがなぜ出てくるかといえば，(1)においてはメッセージを伝達するに際して，そこで行われている言語行為の性質が，「広告である」と明言されていることによる。つまり，「広告として言うのですが」といった形で，「広告」という目的それ自体が，伝達の行われる場面について，注目される対象となってしまうこと（これを辻にならって「前景化」と呼ぶ）が問題となる。この前景化によって，広告のメッセージそのものが「ウソっぽく」なってしまい，その結果，広告をするという当の言語行為の目的が阻害されてしまうのである。

逆にいえば，広告が日常的な言語行為として成立するためには，「広告であること」が前景化されず，常に「事実の告知」や「芸術作品」といった別種のメッセージであるかのような体裁が必要となる。その意味で広告とは「擬装的な言語行為」（辻［1998：11］）であるともいえる。

つまり，広告という行為が行われているとき，あくまで「広告であること」は前景化されない形で人々の前に存在していることが必要となる。

いわば，「陰の存在」である広告について，見る者によりひとたび「広告であること」に光が当てられて（前景化して）しまうと，その広告上にある文字や表現には一切の変化がなかったとしても，そこにある文字や表現は全く異なった視点から理解されてしまうことになる。

この点から，先のエッセイにおける文章を見直してみると，「いつもの電車」に見られるような広告の日常的なあり方を受け手による理解の実践との関連でとらえなおすことができるだろう。まず，広告を読むために電車に乗ることがないように車内広告とはつうじょう「ぼんやりと眺め」たり，「無意識」に読むといったもので，積極的な関心が向けられることは少ない。そして，週刊誌の中吊り広告を見ると

きも，いかに派手な雑誌タイトルや謎かけのような見出しが，「買ってもらう」ことを目的になされていたとしても，そこに目をやる人々の理解の上では，「情報源」への接触などとして行われるものであって，「買うこと」が前提とされることはない。さらに，このエッセイ自体が車内の貸切広告をきっかけとして，ふだん広告がどのように理解されているのかについて，後から反省的に「気がついた」ことを，そうした（実践上の）特徴をもって指摘することから，貸切広告の不自然さを批判するという形になっている。

したがって，広告が前景化するということは，その表現に接する側の理解の実践において考えられ得るものである。

それでは，このような「前景化しない」という広告のあり方は，どのような理解の実践にしたがうことで可能になっているといえるのだろうか。もちろん，その実践を考える前に広告を制作する（送り手）側が，いわゆる「だまし」として前景化の回避を，一定の広告手法として行っていると考えることは可能である。よく見られる通信販売の番組などでも，近年はドキュメンタリーや報道をまさに擬装したスタイルの伝達手法が散見されている。しかし，このような手法としての「擬装」のみによって，以上にみたような受け手による理解の実践が導かれているとはいえない。

じっさい，すでに見たように，明らかに「買ってもらうこと」を前提にして書かれているような文章であっても，受け手はそれを単なる「情報源」として理解することもある。

そこで，本章では，あくまで広告を見る（受け手）側の方にたった上で，このような「前景化しない」という理解の実践について考えていくことにしたい。エッセイ中の「ぼんやりと眺める」という表現に見られるように，それぞれの受け手は，「広告を見る」ことを一定の手続きに則って実践しており，そこにおいて見るべきでないものとし

て規範的に前景化が回避されているものと考える。

そこで以降では,「広告を見る」という実践が,受け手においてどのような特徴をもって行われているのかをあらためて確認した上で,さらに,その特徴に関わるものとして,規範の参照による理解のあり方を考えていくことにしたい。

■ 広告ではないものとして見るということ

以上に見たような,広告の受け手が「広告であること」を前景化させないことを考察しようとするとき,従来の広告研究のような,「物を売ること」といった機能によって,「広告」を直接に定義づけた上で,受け手が広告をどのようなものとして理解しているのかを見ていくことは,困難をともなう。なぜなら,どのように定義したとしても,その定義において「広告」を行為の対象としながら,受け手がその「広告」をどう理解しているかを直接調べようとすることは,結局その定義が「広告を見る」といった場面について「広告であること」を前景化させることになるからだ。たとえば受け手にアンケートやインタビューをすることを前提に,前景化に関する論議を考慮して「情報源として見る」ことをあらかじめ「広告」の一機能として定義したとしても,実際に「広告」を受け手が見る場を設定して,「この広告について見てください／考えてください」とうながすことになれば,それは事実上,まさに前景化をもたらすことになり,「広告を見る」という行為を阻害してしまう。その結果,受け手により通常の行為として実践されているように「広告を見る」ことにはならなくなってしまう。[1]

そこで,ここでは広告に対して前景化に関する定義を組み込むことはせず,あくまで受け手が「前景化させること」自体を一つの理解の

実践とした上で,そこから逆に,受け手が「広告を見る」実践がどのような特徴をもつのかについて考えていくことの手がかりとしたい。

このような受け手による前景化の実践に関連して思い起こされるのが,「はじめに」でとりあげた「酒類のCMは規制検討せよ」という投書である。この投書主は,実際に広告を見るという行為の実践を示した投書において,「広告であること」を前景化させていた。そのうち,CM中のシーンとして,山頂でビールを飲むことをもって,その人が「酒気を帯びたまま下山するのだろう」とする見方を取り上げよう。この見方にしたがえば,酒類の広告である以上,このCMは山を舞台に「ビールを山の上で飲みましょう」というメッセージを伝えているのであって,画面上にはまさにそれを実践した「山頂に立つ酔っぱらい」が映し出されていることになる。

他方,この見方は,CM上のつくりごとを全くもって現実のできごとであるかのように見なしているという意味では,広告の前景化という考え方にはむしろそぐわないものに見えるかもしれない。彼は「広告であること」を直接意識しないで現実的にメッセージを受けとっている,といったように。しかし広告の前景化とは,単にCMをつくりごとと見なすかどうかに依存するのではない。つまり,前景化とは,画面上で行われていることを100%の現実と見なすか,あるいは100%の虚構と見なすかにかかわらず,「これは広告である」ということを,表現上の記述にしたがった形で広告を理解する実践の方に依存している。

この実践について考えるために,ここでゴフマンが広告の理解を考察する際に示した「実物とモデルの問題 (subject-model issue)」(Goffman [1979]) を紹介したい。ゴフマンは,この「問題」を次のような広告写真の実例について示している。それは,「釣りをする家族」という写真に登場している四人の人物に対して,「この四人はど

5章 広告は目立てばよいのか

う見てもお互いに似ていないのだが，実は全くの他人どうしか，あるいは実際に血のつながりのあるものどうしか」と問うことである。このように問うことは，実物つまり本人としての行動について，「実際に何が行われていたのか」ということと，モデルつまり「家族」という見せかけとして「その場面で何が行われているのか」を区別しようとすることに等しい。

したがって，CMの画面に「本気の酔っぱらい」が映っていることを問うこともまた，この実物とモデルの問題を提起することになる。ゴフマンによれば，広告を表現として提示する送り手側にとってあくまで重要なのはモデル側，つまり「家族は大切だ」といったイメージなどの，見せかけとしての表現の方であり，実際に家族どうしに見えないのでは，といった問いは「それが何か？（What does it matter?)」と答えるほかにない問いとなる（Goffman [1979: 15]）。そのうえで，広告写真とは，他の報道写真などとは違って，何の事前の設定もなく不意に撮影されるような性質のものではないとも述べている。つまり，広告内で提示される映像はそれ自体が一定の企画の中で制作されたものである以上は，すべてを作り上げられた虚構と見なすことは，当然であるし，またいつでもそう述べることは可能であるといえる。

しかしながら，実際にその表現を見る受け手側の立場からすれば，すべてがつくりごととして済まされるものではない。すべてが虚構であるとするならば，そこに映し出されている商品や人物の存在もまた虚構になってしまうはずであるし，「広告であること」もまた，そのメッセージを含む存在が空虚なものと考えられてしまうことになるが，通常はそうではない。

だからといって，たとえば，広告上にあるお互いが全く似ていない「家族」の写真について「広告上の家族は血縁が問われない」として，

そのようなお約束を人々が受け入れることで広告を見る行為が実践されているのであれば，それはまさしくそのお約束のもとで「広告であること」を前景化させていることになる。このとき，受け手が「消費者」としてそうした約束を熟知することに何らかの効能が見いだせるなどと考えても，そのように都合よく広告の理解がなされるとは限らないし，受け手側が制作者の期待どおりにお約束によって広告を理解する可能性は，ただ偶然に依存するだけとなるだろう。

　以上のように考えたとき，広告を「ぼんやりと眺める」という冒頭のエッセイ中の表現は，いかにも抽象的な表現ながらも，的を得ているともいえるかもしれない。なぜなら，私たちは明らかに広告を前にしながらも「広告であること」を前景化しないと同時に，明らかに似ていない家族がその広告に映っていても，そこにあえて目を向けないといった形で，いわば，あいまいな視線によって「広告を見る」という行為を実践しているからだ。そして，それがいかにして可能であるか，その理解における実践を以下に問うていくことこそが本章での課題となる。

■「広告を見る」という実践

　以降では具体的なデータにより「広告を見る」という行為を，人々がどのように実践しているのかについて考えていくが，そのために，次のような状況で，あるテレビCMを視聴した人々による具体的な会話を見ていくことにしたい。

　韓国語の全く分からない二人一組のグループに対して，韓国語のテレビCM映像のうち二～三本を原語のまま視聴してもらい，視聴者には一本ごとに「この映像がどういった内容であるかについて，特にどういう人物が，どのような場面で，何をしているかについて，なる

5章　広告は目立てばよいのか

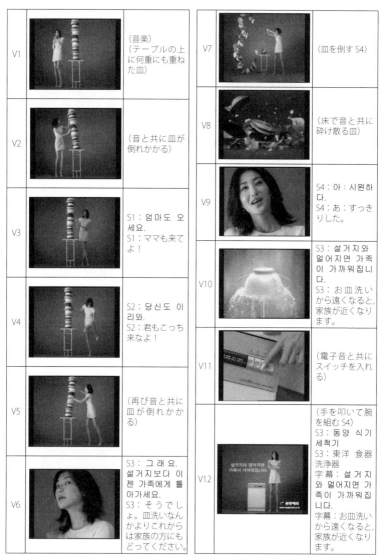

図 5-1

べくお互いの見解が一致するように話し合う」という指示を与えた。映像の内容については，CMであることも含めて事前にほとんど説明を与えず，その映像が前提としている部分（何のための映像か）に言及せざるを得ないようにした。そのうえで，視聴者間の会話内容をビデオ映像として記録し，それをトランスクリプト上のデータとした上で，人々が解釈を構成していく過程を見ていくという手続きをとった。

図5-1は，実際に視聴者に提示されたものの一つである広告映像Vの画面と音声の内容について，V1からV12までのカットに分けたものである。

ここでまず，映像Vの特徴について簡単にみていこう。この映像には，S1～S4までの全部で四名の人物が登場する。S1とS2，そしてS3は音声のみで，S4だけは映像でも最初のカットV1から登場している。S4が動作を行なうシーンは，具体的な場所が読み取れない単色の背景で，積み重ねられた皿や食器洗浄機に対するS4の動作だけが描写される形になっている。

■ 実践その1　カテゴリー化装置による人物の特定

例5-1は，この映像Vの内容をかなり本来の内容に近い形で正確に推測できたグループによる会話の一部である。数回の視聴ののち，例5-1の会話で話題になったのは，S4をはじめとする登場人物をどのように記述するかという点であった。

例5-1

22　　〈音声V3のS1〉
23　A：子どもの声だ【上体を引く】(0.2) 違うか
24　　(10.2)〈音声V9のS4〉
25　A：あーすっきりした，みたいな

5章　広告は目立てばよいのか

26　B：っぽいね＝
27　A：＝うん
28　B：うん
29　　　(1.2)【V12の音声】
30　B：うん子どもと：お父さんの声　　　　　　　　　　　　　　　←
31　A：そ：子どもとお父さんとかそういう声だよ
32　B：[ん
33　A：[ん
34　　　(5.1)〈音声V3のS1〉
35　A：ん
36　　　(4.0)　〈音声V4のS2〉
37　A：お父さん
38　　　(0.2)
39　B：うん
40　　　(2.0)　〈音声V6のS3〉
41　A：お母さんか＝　　　　　　　　　　　　　　　　　　　　　　←
42　B：＝じゃこの人お母さんかなあ
43　　　(5.0)
44　A：もしくは娘，ん：
45　　　(1.1)
46　A：お父さんと，あ子どもとお父さん＝
47　B：＝家族に：
48　A：ん＝
49　B：＝皿を洗えと：言われていて：　　　　　　　　　　　　　　←
50　A：まあなんかいろいろと頼まれてて（1.0）皿を洗えとは言わ
51　　　れてないんじゃない？
52　B：'hそうなのかなあ
53　A：なんか頼まれ，なんかいろいろ言われて（1.0）それで　　←
54　　　(1.2)
55　B：それで？

56　A：楽になるって，感じの，食器洗い機のし，CM

　22行目からの部分で注目されるのは，画面上で視覚的にとらえられることを単に記述することだけではなく，ことばの意味がわからないのにもかかわらず，映像中にあるS1やS2による音声を活動として記述することがここでの目的となっている点である。まずS1について，23行目でAは音声V3の後で，それを「子どもの声だ」と記述している。しかし，その発言の後，Aが上体を起こしてBの方に発言を促しているような姿勢になったにもかかわらず，Bが発言をしないことから，「違うか」と言い直すことで，Aの記述の否定として理解されるような形でBに示している。

　しかし，この否定だけで音声V3に対する記述は終わっていない。25行目で，S4がV9のところで話している内容についてのトピックを開始しているにもかかわらず映像VがV12のところで終了するのに合わせた形で，30行目でBにより「うん子どもとお父さんの声」というV3とV4についての記述がなされ，その記述は続く31行目の「そう子どもとお父さんとかそういう声」というAの発話によって同意される。この時点において，V3とV4の音声については，「子どもとお父さん」という記述のもとで，音声どうしの関係において理解が示されている。

　さらに，もう一度映像Vの再生が繰り返される時，36行目の音声V4について，37行目で「お父さん」という記述がAによりあらためてなされる。その記述に対する39行目でのBによる同意の後，41-2行目ではそれまで「この人」としていたS4を，AとBそれぞれによって，[お母さん]とカテゴリー化することが行われている。

　以上では，音声V3とV4の特定を通じて，映像V中の人物S1，S2およびS4が，記述のもとで関連付けられている。つまり，V3とV4

それぞれの音声を発しているのが「誰」であり，そして両者の音声に何らかの関連があるのかどうかについて，S1とS2をS4とともにカテゴリー化することによって理解が導かれている。さらに，この実践を通じて，49行目のBによる記述や，53行目のAの記述にあるように，S4がS1とS2によって何かを「言われている」という形で，物理的には見えてないはずのS1とS2を映像内に表れているS4と関連づけていくことが行われている。

これらの記述において，人物どうしの関連づけを理解として導いているのが，「カテゴリー化装置」ともよばれるカテゴリー化をともなう記述である。これまでに見てきたように，カテゴリー化装置とは，「カテゴリー集合」とその参照における「適用規則」という二つから成り立っている。AとBは31行目までの会話の中で，S1とS2それぞれの記述において，{子ども，お父さん}としてのカテゴリー集合を参照し，その後に41行目以降で，S4に対して［お母さん］とカテゴリー化しながら，さらに同じ{家族}というカテゴリー集合を一貫して参照している。同時に，44と46行目でS4のカテゴリー化について「娘」や「子ども」という留保が行われていることも，このような一貫性規則を参照しながら記述がなされていることを示している。

ここで映像Vの方に目を転じて，映像中に用いられている言語上の表現について確かめてみよう。まず，CM中に展開する場面としてカテゴリー化が呼びかけによって行われていることが観察できる。すなわち，V3では「엄마（ママの意）」そしてV4では「당신（君，あなたの意）」と，S4に対するS1とS2それぞれの関係から呼びかけが行われている。

しかしながら，このような呼びかけは，カテゴリー集合の参照における手がかり（リソース）となるものの，直接に単独のカテゴリー集合を参照するのではない。むしろ，それぞれのカテゴリーによる，記

述における人物の関係は，｛親子｝および｛男，女｝といった集合の参照について，それぞれに別の集合が適用されるカテゴリーとして並置されてしまう可能性を残している。

そのような可能性に対して，実際には，V3でのS1の発話により，S1とS4に｛家族｝としてのカテゴリー集合が参照され，その後のV4でのS2の発話による「君も」という記述についても，3章でみたような，同一の集合を参照する規則（一貫性規則）により，｛家族｝の参照がなされている。そのことにより，映像中のV4までのところで，｛子ども，お父さん，お母さん｝という要素による｛家族｝のカテゴリー集合の参照に則った理解が導かれる。

以上に見られた，視聴者による登場人物の記述におけるカテゴリー化装置と，実際の映像Vにおける登場人物の記述におけるカテゴリー化装置の一致は，映像表現の理解における実践過程を考えるにあたって一つの大きな示唆をもたらす。

つまり，映像における記号的な象徴作用など，映像に用いられている言語作用を主眼に映像の理解について考える従来の研究に対して，規範の参照に注目して映像理解の実践を見ていくという，視座の転換である。われわれは映像を理解するとき，登場人物やナレーションなどにおいて用いられていることばを中心に，たとえば「ママ」や「すっきりした」といった言語的なラベルをそれぞれの言動に貼り付けることによって，画面上に表された場面の理解を築き上げているわけではない。画面を見る者は，画面に映るそれぞれの人物や活動（言動）を，特定のカテゴリー集合の参照に則って一貫した形で記述し，その記述のもとで，個々の人物の特徴や言動を通じた場面の理解を導いている。このとき，言動の理解は，そこに表された発言などの言語によって直接定められるではない。言語はあくまで，どのような規範の参照に則って言動がなされているのかを示すための手がかり（リソー

ス）として位置づけられる。

　ここで4章における「ベルリンの壁崩壊」を伝える報道写真の例を思い浮かべるとよいだろう。その「壁崩壊」という言葉は，単に写真の中で「ハンマーが振り下ろされる」ことによって砕かれる壁を示しているだけではない。写真の画面中にとらえられた「ハンマー」から，「破壊」に関する動作（打ち下ろす）や対象（固いもの）といった概念の結びつきにおいて参照されている規範を示している（前田［2007：213］）。さらに，画面においてそうしたハンマーの概念を参照する記述のもとで，「壁崩壊」という記述は，単なる物質としての壁の破壊ではなく，記事の文章にもあった「冷戦の象徴」としての「壁の崩壊」という理解を，「破壊」という概念の規範的な参照に則って導くことになる。同時にこのとき，「崩壊」ということばは，画面上にとらえられた「ハンマーを見ること」の手がかりにもなっている(2)。

　以上のように，規範の参照という視座は，画面や画像を理解する実践についての分析上の焦点を導くだけではなく，それ自身が，画像・映像を「見ること」において，その実践を支えるものとなっている。

■ 実践その2　カテゴリーと結びついた活動

　例5-1について次に注目されるのは，「家族」というカテゴリー集合の参照により，映像を理解する際に映像Ｖに描かれている「皿」が記述の対象となっている点である。つまり，49行目のＢの発話にあるように，S4が「家族」のために洗うものとして「皿」が記述されているということが，この映像Ｖを理解するにあたってのもう一つの焦点となっていることを示している。

　ここでまず，このような「皿」についての理解が本来のCM上の意味と異なっていることは指摘できる。

その上で，例5-1における皿についての記述の特徴となっているのが，その記述が「カテゴリーに結びついた活動」にしたがって行われている点である。

　2章でみたように，カテゴリー化によって複数の人物を特徴付けるということは，それぞれの人物の記述におけるカテゴリーが含まれる集合の参照を通じて，それらの人物が「何をしているのか，あるいはしようとするのか」（活動）を，それぞれの記述における結びつきについて理解を導くことになる。この点から，BがS4を42行目で「お母さん」と記述した後に，「家族に皿を洗えと言われていて」と49行目で記述することは，まさに｜家族｜というカテゴリー集合の参照に則って，S4という人物が「皿を洗う」という活動を，その活動の対象となる「皿」の記述とともに［お母さん］というカテゴリーと結びついているものとして理解できる。

　さらに2章で「リスクを見る活動」の記述について見たように，「皿」といったモノの記述もまた，カテゴリー化装置を含む，さまざまな概念どうしの結びつきによりその理解が規範的に導かれている。すでに「ハンマー」と「破壊」の例でみたように，「皿」もまた「洗う」という活動と概念として結びついている。その概念には，人物の記述がどのようなカテゴリー集合を参照しているか，あるいはどのような活動が人物に結びつくのか，そして何がその活動の対象になっているのか，といったものが含まれる。こうして，それぞれの概念が規範の参照において結びつけられることによって，モノの記述もなされていると考えられる。49行目のBによる「（家族に）皿を洗えと言われて」という発話にしたがっていうならば，［母親］とカテゴリー化されたS4が，S1やS2のために行う活動があり，皿についての理解が，「皿洗い」（洗う）という活動の具体的な対象となる形で，カテゴリー化装置を含む規範の参照により産出されていると考えられる。

5章 広告は目立てばよいのか

こうした規範の参照による理解は，次のような別の視聴者たちによる例 5-2 での活動の記述を対照させてみるとより明らかになる。

例 5-2

```
01  C：でもまるで意味ないよ[ね
02  D：            [うん
03  D：しかもさあ (.) その揺れるさ：お皿がさ：きれいじゃん  ←
04    (0.2)
05  C：ん：
06  D：なんかそれで (1.1) え？(1.0) なんかな，なんでそれ洗
07    浄機なんだろうとか思ったんだけど：
08    (2.0)
09  C：たぶんさ：皿洗いが面倒くさいんじゃない，この人が
10    (0.2)
11  D：え，でもさきれいじゃん (1.0) お皿[が
12  C：                    [あそ：か
13    (1.1)
14  D：汚かったらなんか納得もするじゃん                    ←
15    (0.1)
16  C：う：ん
17  D：もう割っちゃうぐらいめんどくさいのよ，とか思えるけ
18    [ど：
19  C：[う：ん
20  D：きれいなんだからさ：え，そのまま食器棚入れようよ
21    (0.1)[ていう感じもするじゃん＝
22  C：    [h：
23  C：＝しかもさ，自分から落としているよね，このひ[と   ←
24  D：                              [そそそそ
```

まず断りが必要であるが，この例2においては，視聴者CとDの間で，映像Vで描かれていた場面が筋道をたてて記述されることはなく，結局は「不可解」なものとして，最後まで両者で一致した理解を得ることがなかった。

　しかし，このいわゆる失敗例についても，理解できないことが単に述べられているのではなく，場面の記述としては筋道が立てられてないものの，そのような理解が成立しないこと（不可解）の理由については，両者において同意できる形で示されている。

　例5-2では，3行目にあるように，映像中に見られる皿が「きれい」であることがDにより主張され，直後の5行目でCによる同意を得ている。この皿が「きれい」であることへの注目は，あとの14行目で「汚かったら」という記述により対照的な形で行われ，V7でのS4が皿に対して行う活動の記述が不可能であることの根拠となっている。

　このとき同時に注目されるのは，CとDによるS4の記述の仕方はあくまで「この人」であって，カテゴリー化されていないことである。つまり，例5-2での記述においてカテゴリー化装置そのものが用いられていない。

　この例5-2と対照させながら，あらためて例5-1の49行目前後の会話を見るとき，皿がどういった状態にあるかについては特に言及はない。しかしそれでもこの時点で，汚いかどうかに関わりなく皿を記述することができるのは，皿に関する記述がS4のカテゴリーや活動と結びついた形でなされているためであると考えられる。

　その上であらためて映像Vの内容について，この皿がどのように描写されているのかを考えるとき，この皿は確かにこのCMが広告している食洗機の機能についてのみ考えれば，「汚れている」と描写されるべきものとなる。しかし，その一方で，この皿が「汚れている」から，「洗う」対象としてのみ記述されてしまうと，例5-2の23行目

でも示されているように，それまで支えていた「洗う」はずの皿を「自分から落として」割ってしまうということが意味をなさなくなる。

そこで考慮されるのが，この映像中に登場する皿の記述が，映像中の人物すなわち S4 のカテゴリーと結びついた活動の記述を通じてなされているという点である。つまり，この皿はあくまで食洗機の機能（広告）について見れば，「汚れている」ものとして記述されるべきものであるが，実際にはその記述に限定されず，映像に登場する人物の活動との結びつきの中で，「汚れている」ことと関わりなく記述されているということである。

ここでふたたびゴフマンによる広告写真についての考察（Goffman [1979]）を参照しよう。広告写真では，たとえばモデルの体表がアップになる場面があっても，そこに体毛や皺などが映らないように画像処理をされることがあるように，広告における表現がある種の具体性を欠きながら行われることがある。ゴフマンはそのような表現を「コマーシャルのリアリズム」と呼んで，先に見た「実物とモデルの問題」について，モデルつまり見せかけとして完成された表現を行うために，「皺のない人間」のような独自のリアリズムをもった表現が広告の中で技巧的に維持されていることを指摘している。

しかしながら，広告の中でこのように表現が具体性を欠くということは，単に見せかけの次元として，具体的・客観的な事実との次元を分けるためだけではない。

そこで考慮されるのが，規範の参照により産出される，表現のデザインにおける抽象性である。それはたとえば，ある記述のもとで，カテゴリー化された人物の活動と，モノの結びつきが，カテゴリー化装置の一貫性規則に背いた形でそれぞれに異なる規範を参照してしまうことがないように，デザインとして抽象性が施されているというものである。

「皺のない人間」とは，そのような規範の参照におけるデザインとしての特徴を示すものである。たとえば，広告の表現において，ある人物が，特定の年齢以上の人だけに限定されない商品を使用する活動を記述する（目的がある）としよう。しかしこのとき，その活動を行っている人物の顔に共通して皺がはっきりと映し出されることによって，|人生の段階|というカテゴリー集合が参照されることがある。その場合，いくら一般的な消費者における使用を表現として志向しても，その商品の使用は，その記述のもとで，ある年齢以上の人々が行う活動としての理解を産出することになる。つまり，広告上に表現された人物は，特定の規範の参照においてもっともふさわしい活動に視聴者を志向させると同時に，一貫した規範を参照するデザインにおいて，何らかの部分で抽象性を身にまとっている。

　この点で，映像Vにおける「汚れていない皿」のような表現は，特定の規範を参照する上での，デザインにおけるモノの記述となっている。つまり，食洗機の機能や，その使用を勧める前提として，「皿を洗うこと」の面倒くささといったものを示す場合においては，もちろん，「汚れている」という記述がなされることがある。しかし，映像Vの場合は，V3からのシーンにおいて，|家族|というカテゴリー集合の参照により，皿および皿洗いの記述がなされており，その記述のもとで，S4における活動の理解が導かれる。例5-1の49行目での理解にあるように，だからこそ，汚れていることに関係なく，この皿は「洗う」という活動に結びつくモノとなる。

　もしV7において，同じく|家族|という記述のもとで，この［母親］が「汚れている皿」を倒すという活動がなされた場合，この人物が「洗う（はず）」のモノを，たとえば「破壊」するということになり，それは，（一人の人物が同じモノを）「洗う」という記述のもとでは通常なされない状況となる。例5-2の23行目での理解としてCが述

5章　広告は目立てばよいのか

べている「自分から落としている」とは，この点を示している。

　そして，そうした理解においては，S4 の人物の方の問題として，CM の表現における目的と一貫しない「放棄」や「怠慢」といった活動の理解が産出される可能性が出てくる。

　これに対して，映像 V6 までにおいて，皿が抽象性をもって表現されていることは，皿を倒すという活動の記述が，そのような人物の活動の記述との結びつきを志向しないというデザイン上のリソースとなっている。もちろん，あくまでリソースである限りにおいて，そのような理解を直接に産出するものではないが，以上のような抽象性において「見ること」をデザインするという点からは，少なくとも例 5-2 において指摘されたような「意味ない」ことではないことが，以降の分析とともに示されるであろう。

■ 実践その 3　参与枠組みの転換にしたがった活動の理解

　以上で見てきた，広告を理解する実践の特徴について確かめるために，あらためて映像 V で，どのようなデザインにおいて皿が表現されているのか見てみよう。V5 までの間に，S4 は皿を支えるという活動にたずさわっているのだが，V7 からは，それまで S4 自らが支えていた皿を床にたたきつけるという，同一人物によりまったく反対の方向に「転換」する行為がなされている。この「支えていたもの」をそのまま「倒す」という活動について，S4 が同じ皿に対して何かをしているものと考えてしまうだけでは，すでに例 5-2 の 1 行目にあったような「意味ない」という理解を導くだろう。

　そこで注目されるのが，この転換が，カット V6 における S3 から S4 への語りかけをきっかけとして行われている点である。この転換については，3 章でも少し触れたように，S3 と S4 それぞれにおける

160

場面への参与枠組みにともなうフッティングが行われていることから説明できる。フッティングとは，話し手が発言の位置づけを切り替えることによって，相手とさまざまな関係性や距離をとり，それにより自然な会話としての自由さや柔軟性をもたらすこととされている。

　映像Vにおける発言の位置づけとは，S3とS4がそれぞれに発声者としての発話を行う場合（V6およびV9）と，主にS3が広告におけるメッセージの作者として発話を行う場合（V10）の二つに分けられる。そのような参与枠組みにそった映像Vの理解は，例5-1で|家族|というカテゴリー集合によって理解を産出していた視聴者AとBにおいて，次のような例5-3の会話として示されている。

例 5-3
```
63   A：三人目はアナウンサ　か？
64     (1.0)〈音声 V10 の S3〉
65   B：nうんそうでしょう
66   A：°そうだね°
67     (0.2)
68   B：ナレーションが入って＝
69   A：＝ん
70     (1.0)
71   B：°子ども°
72   A：子どもお父さん
73     (1.2)
74   B：普通に，なんかたぶんそれを説めぇ：だよね
75   A：うん
76   B：最後のは，
77   A：なんか (1.1) こんなときでも：みたいな
78   B：ねえ
```

5章　広告は目立てばよいのか

79　A：うん
80　B：とくにできますよ：とか，早くできますよ：とかそういう
81　A：うん
82　B：説明（.）のナレーション
83　A：もうこ，こんな苦労をする必要はない，みたいな
84　B：だよね
85　A：苦労をこわす，みたいな
86　　（1.1）
87　B：うん＝
88　A：＝それで，楽になる食器洗濯機，食器洗い機

　この部分の会話では，S1とS2に続き，V6における発言者として「三人目」となるS3に対して，その語りについての「ナレーション」という位置づけが記述されている。この位置づけをきっかけに，例5-1の会話においてなされていたS1，S2，S4という人物どうしが直接に行うやりとりとは別の次元で，たとえば，皿を洗うことの「苦労」などを表すものとしてS4が行う活動が，なされていることが推測されている。

　つまり例5-3では，このような「ナレーション」としてのS3の活動の記述のもとで，さらにS4の活動が示すメッセージとしての次元が推測すべき対象となっていることが，お互いの理解として示されている。つまり，V6における表現上の「転換」においては，S4が｜家族｜というカテゴリーに結びついた活動の中で，食器に関わっている状態から，V10にあるメッセージについて，「皿洗いから遠ざかる」という状態に転換するという理解が，S3の活動に対する位置づけの切り替えによってもたらされている。

　こうした視聴者による推測から，映像構成について見てみると，V6においてこの転換が行われるときに，S3が発声者として，S1と

S2の発話に続けながら,「そうですよ」という発話を行っていることが注目される。つまり, S3がV10で語っているようなメッセージは, その場面に「いきなり」入り込んでしまうと, 逆に「広告として言っている」という側面を際立たせることになってしまう。これに対して, この映像Vでは, 例5-3の74行目以降に示された理解にあるように, V6でのS3の発話による, S4への「呼びかけ」(3)としての行為連鎖の参照に則った参与枠組みの切り替えがもたらされている。つまりここでは, V5までのカテゴリー化装置により参照されている｜家族｜のメンバー（成員）とは別の参与枠組みが, V6でのS3の発言における, S4（およびS1・S2）への呼びかけという記述によってデザインされている。このようなフッティングの発話上のデザインによって, 映像Vにおける「メッセージ」は,「広告」としての次元を際立たせることはなく, それにより広告の前景化が回避されていると考えることができる。

そこで, この映像Vにおける皿がなぜ抽象性のもとで表現されているかについて, あらためて考えてみるならば, それは, 皿が「汚れている」場合, S3による「ナレーション」としての活動の記述に対して, S4が皿を「汚れているから洗う（はずなのに壊す）」といった活動の理解を導いてしまい, これまでに見てきた発話としてのメッセージのデザインを阻害しかねないからであるといえる。

■ 理解の実践に結びついた象徴

最後に, 縮小された図ではわかりにくいが, 実際の映像におけるS4の姿については, 例5-4のような特徴付けがAとBの会話によりなされていたことを指摘しておきたい。

5章 広告は目立てばよいのか

例 5-4

```
97   B：あの：家事してる人はこんな爪にしない
98   A：うん (1.0) あっそうだね＝
99   B：だから，たぶんこの爪とか：ミニスカートとかハイヒール
         は：(.) そういう家事をしない女の人っていう：：
100  A：象徴？
101  B：うん (.) それを：[表現したくて：やってるんだよ，たぶん．
102  A：             [うん
```

　この会話は，例 5-3 で広告としての「メッセージ」について確認が行われた後に，あらためて画面上の S4 を記述する際に行われていたものである(4)。この例 5-4 の 97 行目からわかるように，S4 の容姿は「家事をしない」ものとして記述される一方で，S4 が行う活動については，例 5-1 でみたように {家族} というカテゴリー集合の参照に則って「家事」を行う［お母さん］としての記述が結びつけられていた。二つの例からは，映像 V を視聴する場合に，これらの相反する記述についての理解が同時になされていることが明らかとなる。

　この点を，これまで述べてきたような「広告を見ること」の特徴において確認してみたい。つまり，広告の中でビールを飲む人物がいるシーンから，その人物を「酔っ払い」としてそのまま（見たままに）記述することは，「広告を見ること」にともなう理解として必ずしも適切ではない。それは，「食洗機の CM なのだから常に映像の皿は汚れているはずだ」，と考えるように，常に広告であることを前景化する態度につながるだけではなく，例 5-4 における理解に示されているような「象徴」としての理解の実践を無視することにもなる。表現手法としても，具体性をあえて欠いた表現だけでなく，CG などの技術を駆使した，現実にあり得ないような表現としても，広告が何か「見

たまま」のものをそのまま伝える対象として提示している、などということは、現代においてはむしろ珍しいことであるともいえる。

もちろん、広告を象徴としてとらえる考え方はここで始まったものではなく、記号論による分析など、より長い伝統と広がりを持つ視点は幾多も指摘が可能であろう。しかし、その多くは、言語や視覚イメージそのものが持つ「象徴作用」そのものに目を向けており、「広告を象徴として見る」という人々による理解の実践の方には、これまであまり目が向けられてこなかった。

たとえば、象徴作用は、次のような J. ボードリヤールの「消費社会」を分析するための言葉にも確認できるものであろう。

> 広告は個別的なモノについて語りながら、実質的にはあらゆるモノを礼賛し、個別なモノや商標を通して総体としてのモノ、モノとの商標の総和としての世界について語っている（ボードリヤール［1970＝1995：180］）

広告とは本来そういったものであるといえばそれまでだが、単純に考えても「個別なモノ」と「あらゆるモノ」が一つの理解の実践において並び立つことはそれほど容易なことではない。広告そしてモノが誰に対しても関わるべきものであるなら、なぜこの「わたし」に「いま」関わるものとしてその広告メッセージないしモノが個別に経験されるのか、逆に先に「わたし」に関わるべきモノとして考えるなら、なぜそれが他者一般にも関わるモノであるか、それぞれが説明できないことになる。

しかしながら、この問題を手元のデータだけで考えることは困難なので、最後に展望を示す意味でも、次のようなジョークに関するサックスの考察（Sacks［1978］）にしたがって、こうした実践にそって象

5章 広告は目立てばよいのか

徴を考察する意義を指摘しておきたい。

ジョークが単にストーリーを語ることと異なるのは、演技者（語り手）と、語りのストーリーにいる登場人物との区別が明確になされることであり、また、聞き手自身もジョークの世界に直接関与しない次元にいなければならない。ジョークを語る側と聞く側の相互行為においてこのような差異が「区切り」として維持されることにより、ジョークはあくまで現前の人物から切り離された形での寓話的＝象徴的なものとなり、その次元の維持から逆に、具体的対象に対して関わりを持つきっかけを見いだされることになる。

広告におけるモデルについてもまた、画面上で「母親」のモデルとされる人物に、現実には子供がいないことを指摘するなど、実物そのままに「持ち越し」をされてしまっては、人々に何かを伝える行為として成り立たない。つまり、広告の表現にしたがってなされる記述が、単なる本人についての記述としてしか見られることがなければ、その本人以外の人々が、すなわち他人がその広告に関わるきっかけを見いだすことはないだろう。

その点で、カテゴリー化装置が規範の参照に則って映像中の人物を記述することが広告を理解する上での、一つの手続きになっていることは重要である。2章でもみたように、カテゴリー化装置とは、現実における具体性や客観性といったものとは別の次元で、人物やその活動の結びつきについて、一貫した規範の参照によりふさわしい理解を導くものである。広告表現において、人物やその行為をカテゴリー化して記述することは、受け手による広告表現の理解を、規範に照らしながら導く手続きになる。たとえば、映像Vでは、S4についていかに「家事をする人にみえない」ような容姿の記述がなされていても、V3とV4における表現から、S4に関する［母親］と結びついた活動（家事）に対して、規範の参照に則った理解が導かれている。このと

き，S4については［母親］という記述のもとで，他の活動においても一貫して {家族} の集合が参照されることになる。

このように，広告における象徴に対して人々が具体的な理解を導く可能性は，カテゴリー化装置といった規範の参照に則った記述のもとで，象徴の次元における活動をデザインする実践について生じる。一方で，広告表現が単なる虚構（イメージ）などとしてまったく現実からかけ離れたものとは見なされないのは，あくまでその表現を理解する実践について，受け手自らが表現上のデザインを通じて個別に関わることによると考えられる。

こうした受け手の関与において，受け手はまさに個別具体的な経験として理解を実践する。その実践は，実際に広告を見ている時点だけでなく，むしろ見た後で自らの経験を広告になぞらえたり，広告で見たことを人に伝えたりするときなど，いつでも，どこにでも生じ得る。

したがって，そのような実践が行われる機会は，少なくとも車内を同一の広告で埋めつくすような形で広告への接触機会を増やすなどといったことで保証されるものではないだろう。むしろ，広告の技法・手法といったものもまた，広告表現上の人物や活動の記述のもとで，受け手の経験に関わりながら理解を導くデザインにおいて考えられるべきものである。

[注]
(1) こうした困難は広告研究に限るものではない。たとえば「うわさ」に関わる人々の理解を調べるとき，「あなたはうわさを信じますか」と言われたら，多くの人は自分はそんな（バカな）ことはしない，と答えるのみだろう。

その一方で，調べる側が半信半疑でもそれは信じていることになる，などとして理解の仕方を独自に定義しても，その定義に表されたとおりに，人々が実際に「うわさ」の理解を実践しているのかという一致の問題が生

じる。それゆえ「うわさを信じる」こともまた，うわさを語り合うなどの理解が実践される場面において考察されるほかはない。
(2) このように，ある規範の参照に則った志向のもとで「見ること」をデザインすることは「受け手に向けたデザイン」（フランシス＆ヘスター［2004＝2014］）とよばれている。

これは発話などによってある活動の記述を実践するときに，その活動を特定の規範を参照して見るように，受け手に対して手がかりを与えながらデザインすることを示す。しかし，このことは，見ることの選択や機会について，必ず特定の理解を産出するものではない。以下における表現の考察もこうしたデザインの問題としてなされている。2章の注4も参照のこと。
(3) これは，原文だけでなく，例5-3の80行目のBによる推測でも，「できますよ」といった，呼びかけの形式をもって理解されていることからも示される。
(4) この会話の前に，S4の皿に対する活動には，「主婦が行う家事」という関連づけが行われていたのであるが，紙幅からそのような記述が成立する過程についての詳細は省かざるを得ない。この点については是永［2004］などを参照されたい。

6章 マンガは絵で描かれているから かんたんで誰でも読めるのか

■「読むこと」の多層性

　文化資源学者の佐藤健二は，1993年に書かれた「メディア・リテラシーと読者の身体」という論考において，ある高校教師が紹介した，新聞を「テレビ欄すら」読まない高校生たちの，国語という科目にまつわるさまざまな実態（石郷岡 [1993]）を参照しながら，当時における「現代読者」をとらえる視角についての考察を始めている。

　その実態の中で目を引くのは，彼・彼女らに音読をさせると，読むのが遅いだけでなく「同じ行を繰り返し読む，一行とばす，行の途中で隣の行に移ってしまう」ことがしばしば起こり，字を書かせると大きさも書体も行取りもバラバラになって枠からはみ出てしまうといった，文字に関するリテラシーそのものの「危機」を伺わせるような状況である。しかし，佐藤はこれらの状況を，現在の「ゆとり世代」に対してなされる批判のような「学力低下」の証左とする単純な扱いはしない。

　佐藤はそうした状況からむしろ，「読むこと」についてのリテラシーが，「実践の具体的なかたち」にしたがって，「書くこと」といった他の実践との「深いつながり」を保ちながら習い学び取られる技術であることを示しつつ，こうした実践どうしの「つながり」の保持あるいは消失にしたがって，読書やテレビ視聴といった特定のメディアに関する経験が現れてくることを指摘する（佐藤 [1993]）。

6章 マンガは絵で描かれているからかんたんで誰でも読めるのか

　特に読書経験について，音読の衰弱と，書き文字がバラバラになるという現象は，それぞれが個々に生じているのではなく，むしろ実践としての「つながり」によってもたらされていると見なされる。つまり，音読に見られるような，次に来る文章や文脈への目配りをせず，ひと文字や一句ずつをバラバラに「読む」という実践のあり方は，そのままこのようなものとして文字を「書く」実践との結びつきの中で理解され，単なる文字知識などの習得の問題に解消されないことを示すものとなる。

　そして，こうした文字リテラシーの「衰弱」は，書くという経験自体の減少にともない，書く途中で文章の流れを「読みかえす」という実践や，音読をして確認するといった実践それぞれが，共に失われていくという観点から浮かびあがるものとなる。佐藤はその観点にしたがって，メディアが構成するさまざまな経験を，多様な実践のつながりの中で読み解くことを提唱する。つまり，読書や視聴などの経験を，「メディアごとに切り分けて」追究するのではなく，実践を通じた多層性という視点の中でとらえ直す必要を示している。

　本章でこれから取り上げる「マンガを読む」という経験もまた，このような実践のつながりという観点に共鳴しながら考察される。というのも，以前からマンガを読むことはしばしば，読書とは異なるものとされ，時には敵対するものとして扱われて来たが，同じ論考の中で佐藤自身が，書物に比較して「マンガはかんたんで単純で頭を使わないでも読める」という考え方を「固定観念」として退けているように，マンガを読むこともまた，読書経験と同じ「文脈を読むこと」という実践とつながりを持っていると考えられるためである。したがって，マンガを読むことは，単に図画を見るという実践に連想されるような「かんたん」で「わかりやすい」といった性質に直接結びつけられるものでなく，あくまでさまざまな「実践の具体的なかたち」（佐

藤)にしたがって記述されるべきものとなる。

しかしながら，佐藤がこの論考で指摘しているような「実践」は，あくまで視覚に対する「声の文化」などといった区分にもとづいている一方，メディア経験を分析するにあたり，多様な実践についてどこまでを，どのように取り上げて考察するかについての方針が必ずしも明確ではないように思われる。その結果，佐藤自身が従来の研究における「限界」としていたような，メディアごとになされていた経験の切り分けが，視覚や音声といった身体感覚にもとづいた実践の切り分けとしてもたらされる可能性も否定できない。

これに対して，本章では，マンガを読むことを，まずマンガの中で行われている人物どうしの相互行為を読み解く実践として位置づけ，読者としての私たちが日常の相互行為を実践する際に参照している，規範により導かれる埋解という観点にもとづいてマンガ表現を分析する。その目的は，マンガ一般に見られる表現のもつ，心理的な効果といったものや，マンガ独自としての表現の特徴を示すことではなく，あくまで，読者による表現の理解という行為を，日常的な行為を理解するさまざまな実践のつながりの中に浮かび上がらせることにある。そのような試みによって，メディア上の表現を理解する実践を通じた経験の多層性が示されることになるだろう。

■ マンガのわかりやすさと「見ること」のわかりやすさ

ここでまず，「マンガを読むこと」がいかなる経験として考えられてきたのかについて，社会的な位置づけの中でマンガを読むことについて論じてきたとされる(瓜生[2000])，マンガ評論を手がかりに見ていくことにしよう。

1970年代以前のマンガ評論では，マンガを「大衆社会の動向や大衆

6章 マンガは絵で描かれているからかんたんで誰でも読めるのか

の反映像」としてとらえる反映論の立場から，マンガがいわば広く社会的なものを映す鏡のようなものとして語られてきた。これにしたがえば，マンガを読むという経験においては，当時の世相や人々の心理といったものへの理解がもたらされるとともに，マンガの内容を十分に理解するためには，世代的な背景についての理解が必要とされることになる。たとえば1960年代の学生による左翼的な社会運動に対し，「少年マガジン」という雑誌や「あしたのジョー」といった作品にまつわる読者の経験が，世代的な背景として語られることは，マンガ評論だけでなく一般の人々によっても広く認められるものとなっていた。

これに対して，1980年代以降のマンガ評論では，読者がどのようにマンガを読んでいるかを，社会的なものよりも，私的な経験にしたがった具体的な実践としてとらえることに主眼が置かれるようになる。それにともない，生じたのが「マンガ表現論」である（瓜生［2000］）。これは「マンガを描き―読むときにわれわれが依拠しているマンガの約束事＝文法の解読」を目指して，マンガを読むプロセスを，実際に作品上に表現されたコマ割りや描線に即して記述しようとする試みであった。たとえば，ある人がバツ印に絆創膏を貼られている様子から，その人が「ケガをしている」と理解するような形で，マンガ表現における個々の約束事を身につけることによってマンガを読むことが可能になっており，その約束事を明らかにすることが，マンガそのものを分析することを意味していた。

しかし，そうした約束事の図式にしたがって細かく分析することは，われわれが実際にマンガを読む時の実感と異なってみえないだろうか。このことは，マンガ評論の中でも疑問として浮かび上がるようになる。この疑問を瓜生は次のような実感に即して表現している。

　　マンガの特殊性など，「一目見りゃわかる」のであり，外在的

な分析概念など使わなくともマンガのマンガたる所以は説明できる（瓜生［2000：134］）。

　本来，マンガ表現論から反映論の方に向けられていたこの疑問を読者としての実感に即してとらえなおしてみると，「われわれがマンガを読むとき，それが描かれた当時の背景を知らなければ，内容を理解できないのか？」あるいは「マンガに描かれている人物や物語が当時の社会における出来事を反映しており，読者はそれらを適確に読み取らなければならないのか？」といったものになるだろう。つまり，作品に対する外在的な社会背景にもとづく分析を一切抜きにしても，作品の内容は理解できるし，読者はマンガとしての経験を語ることができる。その上で，そうした経験の特色も読者自身の私的な経験において生じることになる。

　同じく瓜生によれば，しかしながらその一方で，この疑問はマンガを描くプロセスの詳細にしたがってマンガを読むという形で「分析概念」を適用するマンガ表現論にも当てはまることになった。つまり，学校などで規則を学習しながら文字を読むことと異なり，私たちの多くはマンガを読むことを，それほどことこまかな約束事として習うわけでもなく，まさに「一目見りゃわかる」ものとして自然に実践している。多くの人によりさまざまな場面で指摘される，マンガを読むことの「わかりやすさ」というのもまた，このような自然な習熟という過程に求められるものだろう。

　ここで注意したいのが，この「一目見りゃわかる」という言葉にあるように，マンガを読む経験について「見ること」という部分を強調することの困難である。つまり，マンガにおける自然な実践の理由を，見ること一般の自然さに求め，「見ることはつねに自然に理解をもたらすので，見るものであるマンガはわかりやすい」と主張することは，

6章　マンガは絵で描かれているからかんたんで誰でも読めるのか

これまで触れてきた規範の参照を除いて考えている点で困難をもつ。

　マンガにおいては，単なる静物のスケッチよりも，人物を主とした，あるものの「動き」を表現することが非常に多く行われる。映像などの表現において「動き」として見るということは，これまで述べたように，あくまで「動き」をもった光景における規範の参照において可能になる。マンガにおいても同様に，理解の実践において「見れば分かる」という前提にむやみに頼ることは，4章で挙げた計時や，ハンマーといった例のように「動き」を見ることが，それぞれ独自の規範を参照しながら実践されているという分析視点を欠落させる危険性をもつ。

　そこで，そのようなマンガのわかりやすさを認めつつも，そこにはマンガに登場する人物の特徴やお互いの関係といったことにはじまり，それらの人物によって何が行われている場面であるのか，といったことを読み取る実践があることを確かめておきたい。その一方で，そうした理解が単に物語上のものとしてでなく，読者個人にとってどのような経験としての意味をもつのかといったことが語られるなど，マンガについてのさまざまな理解が，どのように実践されているのか，を明らかにすることが必要となる。

　ここにおいて，「一目見てわかる」ということ自体もまた，日常における理解の実践として考察する対象となる。D. サドナウは，駅や路上などの公共の空間において，人々が相互に観察をしながら相手についての理解を導くことに関して，グランス（glance）という用語によって，まさに「一目（一瞥）で見てわかる（make out at a glance）」という実践を社会学的な分析対象としている（Sudnow［1972］，浦野［2004］）。

　このような実践のうち，身近なものには，たとえば人々がお互いに保つ空間的な距離（対人距離）がある。つまり，公園のベンチや空い

た電車内でのシートへの着席の仕方などに見られるように，お互いに関わりのあるものどうしはごく近く（近い距離）に集まり，関わりを持たない人々はっきりと分かる形で一定の距離が置かれる。

　このとき，個々の集まりどうしが保つ距離は，ただ単にお互いを遠ざけるだけが目的ならば，ただ遠ければよいはずであるし，それぞれが取る距離もまちまちになるはずである。しかし，実際はそうした関係が一目でわかるような距離として，それぞれの集まりどうしには一定の規則的な間隔が取られることが多い（シェフレン［1976＝1989］）。

　逆に満員電車の中など距離が保てない空間では，すぐ目の間にいる見知らぬ人との間で，お互いを一目でちらっとは見るが，それは相手の存在を認識したということがわかる程度にとどめ，すぐに視線をそらすといったことが行われる（ゴフマン［1963＝1980］）。つまりお互いの視線の交換によって，お互いの関わり具合が一目でわかるように示されている。

　そして，このような理解の実践は，それぞれの場面における理解を導く相互行為上の手続きに則っているという意味で，デザインされた理解であるといえる。身体的な距離が空間的な条件においてデザインされているのと同様に，見るという行為もまた，一目でわかるような時間的な条件（タイミング）のもとでデザインされている（Sudnow［1972］）。つまり，相手が自分をどのようなタイミングで見るのか，そしてそのタイミングに合わせて，自分が何をしているのかが相手にわかるようにデザインされなければならない。そして，そのためには，相手が見ている範囲で自分の行動が一定に保たれていたり，行為自体に規則性がないといけないことなる。つまり，やたらと姿勢を変えたり，相手に直接視線を向けなくても，その方向をむやみに変えてしまうと，相手にはその状態が一目でわかることが難しくなってしまう。電車内などで，親子連れを見かけるとき，親が子どもに対して「じ

っとしている」ことを教えているところを目にするのは，子どもが動き回ることで必要以上に他人の視線を集めないようにするだけでなく，行為のデザインとしての規則性を教えているともいえる。

　さらには，相手に見られている場面で，自分が何を行為しているのか，その中で特にどういった対象に関わっているのか（関与）について，相手のグランスにかなうような手がかりを与えることも実践上重要な意味をもつ。満員電車で，他人に関与していないことを示すために，ケータイの画面をのぞき込んだり，混んでいるエレベータの中で視線をわざと上に向け，エレベータの階数表示を見詰めたりすることなども，そのような関与の手がかりが示されている例として見ることができる。

　そして，このような実践を見る上で焦点となるのが，人々が相手のグランスにかなうように，自らの行為についての理解を，規範の参照によって導いているという点である。つまり，グランスにかなうという目的において，行為のデザインは一つの表現となり，その表現において，特定の規範を参照しながら相手の理解が導かれている。つまり人々は，行為を表現としてデザインすることにおいて，行為を構成する個々の活動の記述を行っているのであり，その記述のもとでグランスにかなった理解を実践しているといえる。満員のエレベータで階数表示を見るとき，その表示を見て何かの情報を得ることよりも，人ではなく表示の方を見ているという記述のもとで，周囲の人々に関与していないという理解を産出することがデザインにおいては重要となる。

　このように考えると，人々の間である行為がなされている光景一般もまた，表現としてデザインされた記述のもとで，規範に照らしてふさわしい理解が導かれることにおいて，「日常的な光景」となるといえる（前田［2007］）。先に見た対人距離のデザインは，公園の風景のように，見慣れた風景であるだけでなく，まさに「日常的な光景」と

して，私たちが「自然に」見ることを支えている。

　このような光景として理解する実践においては，そこにいる人々がどのような人物であるかという理解も重要となる。たとえば，ごく近くにお互いの距離を取っている人々は，カップルや家族といった一つの集まりと見なされ，その人たちを見ている相手（他人）に対して，その相手よりも優先的に関わる対象としての理解を導いている。この場合の活動のデザインには，手をつなぐとか，抱き寄せるといったお互いの身体的な接触があり，それらは「つながりのサイン（tie signs）」（Goffman［1971］）と呼ばれることがある。こうしたつながりのサインを手がかりとした理解の実践が，カテゴリー化装置を参照していることは，［母親］が［赤ちゃん］を「抱き上げる」ことが日常的な光景として理解される例としても確かめられる。

　以上のようなさまざまな広がりをもったグランスの実践は，その経験の広がりにおいて，ビデオ映像や写真の撮影といった社会的な行為としての画像表現(1)にも関わってくる（Macbeth「1999」）。すでに見てきたような，表現としての行為のデザインは，まさに被写体の行為をとらえる実践としても，グランスにかなうように選択されるものであり，画像を呈示する場合も，グランスにかなう理解が，構図などの編集作業において優先的に求められることになる。こうした意味での行為のデザインは，2章で見たようなニュース映像の編集において公共的な理解の達成として映像表現をデザインすることにも関連している。

　したがって，マンガについても，あるものの「動き」を示すために，見ることに関する規範をどのように参照しながら行為の表現がデザインされているのか，あるいは，ある人物の表現においてどのようなカテゴリー集合の参照により理解が導かれているのか，といった観点から「一目でわかること」について分析することが必要となる。

　以降では，マンガにおける表現上の行為の理解が，日常の相互行為

6章　マンガは絵で描かれているからかんたんで誰でも読めるのか

と同様に，順番交替やカテゴリー化装置といった規範の参照により導かれていることを確認した上で，マンガにおける表現上の行為がどのようにデザインされているのかについて見ていくことにしよう。

■ 画像表現における参与空間のデザイン

　サドナウによれば，ある人々が「会話をしている」ことが観察される状況で，お互いの身体の向きや視線の交差によって形作られる空間から，グランスにかなう理解が成り立っていることもまた，日常的な光景としての理解の中に含まれる。実際の会話の様子をビデオに撮影して分析した例によれば，相手の視線がこちらに向いているタイミングに合わせて発話を開始したり，相手に向けられていない発話（訂正など）を行うときに，相手の視線（視界）から外れた方向に移動するなどして，会話の「話し手」や「聞き手」についての理解が導かれるという（Goodwin［1981］，西阪［2001］）。このとき，1章で見たような順番交替もまた，「会話をしている」という理解を導く手続きであると同時に，人々が会話に参与している状態を時間的な区切りとしてデザインしながら，会話に参与している機会そのものについての理解を導くことが示されている。

　つまり，お互いの視線や身体の向きといったものは，人々がその場面でお互いのものとして行為していること（会話）に対して，個々がどういった形で参与しているのかを，グランスにかなった理解として導く手続きとなっている。

　注意しなければならないのは，「人の目を見て話せ」などといった規則に示されるような形で，相手に視線を向けていることによって会話をしているという理解が直接に導かれるのではない，ということだ。そこには会話が（順番交替に則って）なされている状態に対して，

人々がどう参与しているのか（していたことも含む）という理解を導く手続きとして，視線や身体の向きが空間としてデザインされているという関係が成り立っている。この関係は後に見るような，「会話をしながら」他の行為にたずさわっているという理解の産出において重要な意味をもつ。

以上のことから，映像上の「人物」が「会話をしている」ことを理解する際にも，グランスにかなうようにデザインされた表現としての可能性について考えることができる。この点をすぐにマンガ表現について考える前に，実際の展覧会にて展示されていた図6-1のような絵画作品について，カタログに記されていた解釈の一つから見てみよう。

> 本作品に描かれた3人の女性は互いに干渉し合うことなく，それぞれが自らの世界に閉じ籠っている。（……）（佐藤・クレマー編［2008：92］）

この解釈に示されている，画面上の三人が「干渉」しないこと，つまり会話のような関わり合いをもたないという理解は，まさに日常的な光景として，この女性たちの身体や視線の向きがなす空間のデザインによって導かれている。「それぞれが自らの閉じ籠っている」という解釈は，彼女たちにとって，お互いが共通して参与する対象をもたないことから導かれている。

このように，「会話をしている」といった画像表現

図 6-1（佐藤・クレマー編［2008］より）

理解は，画像上の人物による活動の記述のもとで導かれるものであって，この，画像表現としての行為のデザインこそが，グランスにかなう理解を産出するものとなっている。画像上の人物が視線や身体の向きによって形作る空間もまた，このような表現としての行為のデザインにおいて，日常的な光景を，同じ規範の参照に則って，いわば再記述したものとして見ることができる。このことは，画像上の表現がただ現実（日常）の行為を再現（模倣）しているという視点からではなく，日常的な光景における行為のデザインと，画像表現上の行為のデザインが，それぞれに同じ規範を参照しているという視点から，画像上の活動を分析する可能性を導く。

　本章では，日常的な光景においても見られるような，相互行為を行う人々が視線や身体の向きによって形作る空間を「参与空間」と呼び，参与空間のデザインを焦点に，マンガにおける表現を理解する実践を明らかにしていく。この実践は研究として分析をする上で特に重要となるのではなく，むしろマンガの読者がごく普通に行っている実践でもあるし，逆に，表現としての行為について，簡単に理解を導いているマンガを対象とする限り，ジャンルや作品に偏ることなく共通して見られるものである。たしかに，マンガを含む多くの画像上の表現においてはコマやフレームといった限られた部分として，行為を部分的に記述しているのに過ぎず，そもそもこうしたいわゆる二次元上のものを理解することは，三次元において日常的な光景を理解する場合と異なるという指摘も成り立ちうる。

　こうした理解の限定性について，参与空間を人々がグランスにかなうようにデザインしている場合から考えてみよう。

　日常的な行為については，空間の設定を含むそのデザインを多様な形で限りなく行うことは可能ではある。しかし，記述のもとで規範を参照する限りにおいては，そのデザインは，ふさわしい理解を導くと

いう実践上の目的において，何らかの限定性をもつことになるだろう。

とくにグランスにかなった理解の実践において，相手に対してふさわしい理解を導くような参与空間のデザインは，時間的なタイミングから，さらなる限定性をもつ。

たとえば，学生が授業でグループ作業をしているときに，教員が学生の取り組みを傍らで観察しているような場面があったとしよう。そのとき，学生は「一生懸命やってます」といった理解を導く目的において，机をはさんで頭を寄せ合ったり，グループ内で意見をいう人にじっと視線を向けるような形で，活動の記述を参与空間についてデザインする。このとき，立ち会っているはずの教員さえも，視線の対象からひたすら外されることにもなるくらい，その参与空間は動作の選択や動作がなされる範囲において限定性をもってデザインされることになる。もし教員が近づくタイミングだけに合わせて参与空間を形成するようなデザインが露呈しまっては，それは「先生の目がある」から，作業（のふり）をしているという理解を導いてしまう。先に見たような満員の電車やエレベータの中で視線や動作をなるべく固定することも，このような限定性において考えることができるだろう。もちろん，その一方で，タイミングをうまく操作しながら，その時限りに参与空間をすばやく構成するというデザインの仕方もあり得るものだろう。

以上において見られるのは，表現としての行為において，特にグランスにかなうための，規範に照らしてふさわしい理解を導く記述としての限定性をもった参与空間のデザインである。

このような記述の限定性は，たとえば，カテゴリー化装置を参照する場合，［親子］と記述した人々を，その後で「その男女は……」と記述することがふさわしくないように，場面ごとそのつど的に(occasional)理解を導く（表現）実践上の目的において定まるもので

181

ある。

■ コマ展開における行為の理解

　ここにおいて，ようやく具体的例とともに，マンガ表現における参与空間のデザインを見ていくことになるが，その作業について一つの手がかりとなるのが，マンガ表現論において確認されてきた，マンガにおける表現上のルールである。

　まず，マンガ表現の基本要素とされる「コマ」と「吹き出し」という特徴から見てみよう。図6-2では右下の一つを除く絵が9個，順序を持って配列されているが，それぞれはコマとして，「時間展開にそった」できごとの「なりゆき」を示している（竹内［2005］）。時間をあらわすものとして複数の絵をコマの形で並置するというこのような構成の仕方が，マンガという表現の「基本単位」（伊藤［2005］）とされる。

　しかしながら，このようなコマの並置は，コマを単位として一定した時間の進行を表しているのではない。図6-2でも①から②，③から⑤，⑥から⑨というそれぞれのコマの並置において，場面として経過している時間の長さは異なっている。したがって，マンガ上に表現された「なりゆき」とは，単にコマの並置が映画のフィルムのように，人物の動作が進行する瞬間の画像を単に写し取ることで成り立っているのではない。コマの並置は，人物の活動を表現する際に，その行為としての理解を一定の記述のもとで導くための単位であると考えられる。伊藤は場面の表現として理解されることを「コマ展開」（伊藤［2005］）と呼んでいるが，このコマ展開というマンガ表現のとらえ方は，コマの並置を単位として，活動の記述がなされ，その記述のもとで「なりゆき」についての理解が導かれていることを示すものである。

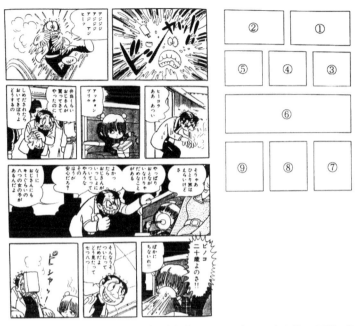

図 6-2（竹内［2005］より再録　手塚治虫『ブラック・ジャック』8 巻，1988 年，秋田書店，pp. 260-261.）

　もう一つの重要なマンガ上の要素とされるのは，「吹き出し」の配置である。竹内は，この吹き出しによって，絵と言葉（発話）が空間の中で一体化することを指摘する。この両者の一致において，発話どうしの関係にしたがって，絵に表現された活動の時間進行（コマ展開）が理解されるという仕組みが，マンガに表現された「なりゆき」の理解における基本要素となっている。

　たとえば図 6-2 において，少なくとも⑥から⑧が連続して進行する一つの場面として理解されるのは，画面上の二人の人物が「会話」をする中での活動の記述のもとで導かれている。さらにこの「会話をし

183

6章　マンガは絵で描かれているからかんたんで誰でも読めるのか

ている」という理解は,「吹き出し」が順番交替をする話し手の活動として配置され,それぞれが一つの「発話」と理解されることによって導かれている。この点で,「吹き出し」が「発話」であることは,単に人物（話し手）の絵と言葉が「一致」していることに求められるのではなく,あくまで会話における活動の記述のもとで導かれている。たとえば一つのコマの中で異なる人の台詞を示す「吹き出し」が,紙面上の位置としてどんなに近接していたとしても,その二人の発言が同時に発生しているという理解が通常導かれることはない。多くの場合,絵における吹き出しの空間的な配置にかかわりなく,順番交替の手続きに則って行為連鎖の規範が参照される。つまり,吹き出しを発話として配置することにより,吹き出しおよびそれが描かれているコマが時間軸にそって並べられているという理解を導きながら,私たちは実際にマンガ表現における場面の理解を実践している(2)。ここで,1章で見たような話し手の交替に特徴づけられた会話という日常的な行為と,同様の規範を参照しながら,表現されている光景の理解を導くことが,特に日常的な光景の理解と異なることなく,マンガにおいてもデザインされていることが確かめられる。

　竹内は,吹き出しによるマンガ表現について「絵と言葉が一瞬に対応し,臨場感あふれる表現が可能」になっているとも述べる。このとき,日常の会話における順番交替の手続きが,他人と時間を共有し,それを協同的に管理する方法となっている（小宮［2007c：131]）のと同様に,吹き出しもまた,表現における「できごと」の時間進行を管理する手続きとなっていると考えるならば,読者が作中の人物たちと同じ手続きに則って,作中に進行する時間を協同的に管理する方法となる。吹き出しはその意味で読者に「臨場感」をもたらしていると見ることもできるだろう。

　そこで,順番交替という手続きの観点から,マンガの人物における

参与空間のデザインをコマ展開の分析によって評価することも可能だろう。これにしたがえば図 6-2 では，ひとコマの枠内に一人の人物が描かれ，発話の交替にしたがって人物が登場するコマの切り替えがその都度なされる形で，場面としての「会話」がデザインされていることになる。

同様の視点から図 6-3 におけるデザインを考えてみよう。ここでのコマ展開もまた，二人の人物による「会話」によって構成されているが，左上の 2 コマ目では二人がひとコマの中で会話をしており，また逆に 3 コマ目にあるのは発言の部分と，手に持たれたコップのアップしか映っておらず，このコマを見るだけでは誰が何をしているところを表現しているのかはすぐには判断しにくいものになっている。

しかしこのことから，ただちに図 6-3 でのコマ展開が二人の参与空間のデザインとして不十分であるとはいえない。なぜなら，このような活動の記述も，順番交替の手続きに則って参照される規範と同じ特徴をもって理解を導くからである。

その特徴とは，会話の中でどのような種類の行為や活動がなされているか，あるいは会話の内容が何であるか，といったことから独立して，人々が「会話をしている」という状態（に参与していること）を理解できるという点である。日常においては，順番交替という手続きにより，「会話している」という状態を話し手の選択のルールのもとに示しながら，場面ごとのそのつどの状況についてさまざまな会話に関わる行為の実践が可能になっている（小宮［2007c：130］）。この特徴を会話以外での参与においてなされる行為に向けて考えるのであれば，その行為をさらに行為連鎖の参照についてデザインすることにより，会話に参与しながらでも，さまざまな行為に副次的にたずさわることや，参与への状態そのものを理解として産出することができる。逆にもし会話への参与についての理解がまったく発話という活動の状

6章 マンガは絵で描かれているからかんたんで誰でも読めるのか

図 6-3　会話と会話以外の行為への同時の参与
（小畑・大場［2005：124］より）

態だけに依存しているとすれば，話し手による発言の「中断」や聞き手の「聞きもらし」といった事態が，ただちに会話への参与の中止を理解として導くことになるが，実際はそうではない。それらは行為連鎖の参照において，「言いよどみ」や「修復」といった行為として理解されるものとなる。

　図 6-3 の 2 コマ目では男性の「粧裕（娘）は？」という質問に対する，女性の「まだ部屋に閉じこもったままです」という応答で隣接ペ

アが構成される。さらに3コマ目では，「そうか」と発言する活動の記述により，男性の継続的な会話への参与が示されている。これに対して，同じく3コマ目で，絵の表現におけるコップを焦点にして「渡す—受け取る」という行為連鎖を規範として参照しながら，同じ時点で男性による会話以外の活動への参与についての理解が導かれる。この理解にしたがえば，三コマ目のコップは，単なる独立したモノとして焦点化されているのではなく，二人の間での活動の記述のもとで参与の対象になるという理解が可能になる。したがって，この場面に二人しかいないことが画面において明らかな限り，この手がコップを渡された男性のものであることを理解するのは，まったく日常的な光景として理解可能なものとなっている。

このように図6-3では，コマ展開における，発話と手の動作それぞれに特定された活動の記述のもとで，コップというモノが，二人の人物による参与空間をデザインするための対象となっている。吹き出しの配置が読者を作中人物による会話の理解に導くのと同様に，マンガ上の表現においては，行為連鎖といった規範を参照した，作中人物の活動対象の記述を通じて，参与空間をデザインしながら日常的な光景の理解が導かれる。

このマンガ表現における参与空間のデザインという点をもって，吹き出しによる発話とともに，グラフィカルな表現についても，行為連鎖の参照によって導かれる理解を分析する視点が指摘される。

次の節において，作中人物の視線を手がかりにしてマンガ上の表現に注目するのも，コマ展開における登場人物の参与空間が，発話だけでなく視線をともなう行為連鎖の参照においてもデザインされているためであり，単にマンガが絵という「視覚的」な手段を用いた表現であるからではない。

6章 マンガは絵で描かれているからかんたんで誰でも読めるのか

■ 記号として「見ること」／相互行為上のデザインのもとで「見ること」

 ところで，従来のマンガ表現論においても，しばしば視線の表現に対する注目がなされてきた。とくに，作中人物がおこなう視線の動作をいかに表現するかという点だけではなく，コマ展開における作中人物の動作対象表現にしたがって，読者自身が画面に向ける視点が操作されるという点で，表現上重要な意味をもつものとされてきた（竹内[2005]）。

 マンガ表現論では，こうした読者の視点の操作が，コマ自体の枠組みや構成のほかに，作中人物自身の視点が読者の視点と「同一化」しているという前提のもとで表現をほどこすことにより可能だと論じられる。その上で，読者の視点を技法的に導く「視線誘導」のほか，コマ展開において対象を見すえる位置にいる人物と，その対象を意味する「視点人物」と「視点対象」といった言葉などによって，表現の構成が分析されている。つまり，マンガ表現論においては，読者なり作中人物なりの，表現された対象を見すえる視点を持つ特定の主体（視点人物）を表現の中で設定することにより，ストーリー上の場面として何をそこに見るべきかについて，視点の対象（視点対象）となるものが決定されると考えられている。

 しかしながら，相互行為上の手続きの観点からマンガ表現を分析する本論の立場からすると，人物の視線に注目することは重要であるにしても，グラフィカルな技法や視点の操作にしたがって，読者が表現において見ることが規定されているとはいえない。そのことを次のような例における，画面上の人物が何を見ているか，という意味での「視線」のあり方にしたがって考えてみよう。

 図6-4における①から②のコマを見ていただきたい。この場面は①

188

図6-4 表現上の場面における相互行為のデザイン
(谷川［2007：59-60］より)

(コマの配列と番号)
⑥⑤①
⑦　②
　　③
⑩⑨⑧④

における男性の視線が示されることで開始されている。しかし，このコマだけではこの視線がどこに向けられているのか，つまりここで読者が見るべきものが何であるのかが①のコマ単独によっては示されてはいない。

このマンガを読むものは，続いて②のコマに視点を移すことで，そのまま①の男性が何を見ていたのかを知ることになる。このような表

6章　マンガは絵で描かれているからかんたんで誰でも読めるのか

現はマンガ表現論において「(モンタージュ型の)同一化技法」と呼ばれているものであり、前後に併置された二コマの組み合わせのうち、前者のコマにおける作中人物の視点①を、そのまま後者のコマにおける読者の視点②に転換することによって、一つの視点として重ね合わせる(同一化)効果をもたらすものとされている(竹内[2005：91])。

　このような技法から、男性の視点は少なくとも②に現れる女性に向けられていることがわかるが、単に「視点の転換」というだけでは、この女性についてどこを見ているのかまでは示しきれていない。それにもかかわらず、私たちはこの場面を読むとき、①の男性が②における「ばんそうこう」を見ていると理解できるはずなのであるが、だとすればこれは何によって理解可能なのだろうか。

　その際に、この「ばんそうこう」自体が何を意味しているのかを考えるとき、マンガに特徴的な記号的表現(マンガ的記号)であることがまず指摘できる。すでに理解として示されたように、コマ②で、この女性が頭に×印上の白いものをつけているのは、「ばんそうこう」であり、それは「ケガをしている」という意味を表す記号となっている。マンガ表現論においては、ときにマンガそのものが「記号的表現」と言われるように(大塚[1987]など)、このほかにも、同じコマ②でばんそうこうのへの注目を指示するように描かれている三本の線など、さまざまな記号の象徴作用にともなう約束事によって、私たちのマンガ表現に対する理解が可能になっていると説明される。

　そこからさらに論を進めれば、マンガ表現が現実にはあり得ない現象の記述を記号によって行っている以上、記号的表現にはじまり、コマ展開にしたがった視点の同一化などを含む、個々の約束事を分析できなければ、読者によりマンガがいかに読まれているかについての理解が、不十分になるという可能性は指摘できるかもしれない。

　この可能性に対して、ここではもう少し別の部分に注目しながら

図6-4の分析をすることで答えてみたい。それは、①における男性の発言が、「どしたの　それ」という問いかけ（質問）によって開始されていることである。相手と相互にやりとりを行う状況において、その状況の進行に何らかの影響を与え得るものをトラブルと呼ぶとき、こうした質問は、会話に参与するものが、何らかのトラブルを記述し、それを参与空間におくための日常的な手続きの一つとされる。実際に、この手続きが見られる日常の会話を分析したG.ジェファーソンは、これを「トラブル・トーク」と呼んで、①の発言に類したものに、「その足どうしたの？」といったトラブルの所在を示しながら「質問」によって会話を開始するやり方があることを指摘している（Jefferson［1988］など）。

こうした手続きの存在は、トラブルとして「見ること」それ自体が、相互行為において協同的に実践されることに関わる。たとえば、ケガをトラブルとして理解する実践においては、見るべき対象を「ケガ」として定めることにはじまり、その対象をどのように記述するかもまた、相互行為においてお互いがどのようにトラブルに関与するのかに依存している。つまり、質問などによって開始される具体的な手続きに則って、参与空間において見るべき対象として定めた上で、それに関わる活動の記述がさらに展開することにより、そのケガについてのトラブルとしての理解が導かれる(3)。

そこから、図6-4の「ばんそうこう」が「ケガをしていること」を表現していると見ることは、コマ展開の技法や記号などとしての約束事だけによって可能なのではなく、質問によって開始されるトラブルについての理解のように、相互行為上の活動の記述のもとで、「見ること」の規範にかなった理解として成立している。

その観点から、さらに図6-4でのやりとりを見てみよう。図6-4の①から②におけるやりとりでは、①において何らかの「トラブル」が

6章 マンガは絵で描かれているからかんたんで誰でも読めるのか

あると見たこと自体が，質問に対する行為連鎖において，②での女性による「別に」という回答によって回避されている。つまり，①で見ている対象を「ケガ」と定め，それを互いの参与空間の中に位置づけようとする男性のデザインに対して，②で女性はそれを「トラブル」として記述せず，参与空間から外すようにデザインすることにより，②で「ばんそうこう」として示された状態は，二人の参与空間において見るべき対象から外されることになる。

その点で，③以降のコマで，「ばんそうこう」が突然に消えてしまっていることが非常に注目される。このとき，④における女性の姿が，男性の視点において見すえられた視点対象として描かれていると考えるのであれば，②にあった「ばんそうこう」は，記号的な表現であるとはいえ，作品中で展開している「できごと」として生じた「ケガ」である以上，③以降でもそのまま身体に付着したまま描かれてよいはずである。これに対して，③以降に見られる記述においては，一貫して欠落している。このような欠落は，マンガ的記号や技法の約束事にしたがって細部を省略するデフォルメ（中村［2002］）として理解されるものではないだろう。

なぜなら，このような欠落に関する理解は，マンガに固有な理解の実践よりも，日常において「——がない」という理解を実践する際の規範を参照することによって導かれているからだ。つまり，私たちが「——がない」ことを見るべきこととして理解するのは，ある特定の記述のもとで可能になる（西阪［1997］）。たとえば，「今日は大学に学生が一人もいなかったのでおどろいた」ということは，特定の場面における行為を記述する限りにおいて理解可能なものであり，「大学は夏休みだった」という記述の後に「おどろいた」という記述がなされる場合，ふさわしい理解はもたらされないだろう。

同じように「ない」とされる事態が論理的に真であったとしても，

具体的に理解を導く実践において，その記述がなされることを除いたままで，ふさわしい理解を導くことはできない。「今日大学にメトロン星人はい一人もいなかった」という記述を日常の報告などの場面において見るべきものとするのは，真である報告だったとしても，その記述のもとでどういった規範が参照されて，どういった光景としての理解を導くのかが明らかでないがゆえに，ふさわしいものにならない。それゆえ，日常の会話での行為連鎖において，ケガなどのトラブルになりうる対象が，相互によりトラブルでは「ないもの」としていったん扱われた場合，私たちはそれ以上相互行為における志向の対象とすることはない。すなわちその記述のもとで，お互いの参与空間において見るべきものとはしない。図6-4での描写もまた，②の時点での「トラブル・トーク」の手続きにおいて，「ばんそうこう」が二人の参与空間の中で位置を占めるものでなくなった結果，③以降のコマ展開において見るべきものとして志向の対象から外れたために消えたと考えることができる。

　この事態に対して，あえて「ばんそうこうが描かれていない」という記述のもとで，その欠落を志向の対象とすることは，「夏休み（なので学生は大学に行かない）」という記述のもとで，さらに「今日は大学に学生が一人もいないのでおどろいた」という記述がなされる場合と同様に，規範に照らしてふさわしいものではない，といえる。

　このような記述のもとでの，「見ること」の規範という観点から考えた場合，マンガのコマ展開における場面上の行為との関連性（レリバンス）を問わずに，設定上存在していると考えられ得るものすべてを画面に詳細な形で描き込んだとしても，それは，マンガ上の表現を日常的な光景として（「リアルな表現」に位置づけて）理解する実践に必ずしも貢献するとはいえない。逆に，少女マンガなどに見られる，いわゆる「背景」として，何も描かれてないという表現が可能である

6章 マンガは絵で描かれているからかんたんで誰でも読めるのか

のも，場面上の行為に対して関連性を導かないという，参与空間のデザインから理解することができる。

■ ニュースとして記述して伝えるシークエンス

　以降における分析の焦点となるのは，作中人物により相互の参与空間においてなされている特定の行為としての理解のデザインである。前節でみたような「質問」によって「ケガ」をトラブルとして特定しようとする場合のように，マンガ表現においても，作中の人物による発話が，行為連鎖の規範を参照する活動として記述され，その記述のもとで，ある対象を参与空間において見るべきものとする志向のデザインが行われていた。そこにおいてマンガの読者は，そうした行為の記述のもとで作中人物の行為を理解する。いわば読者は，作中人物によりデザインされた参与空間に自らも参与しながら，（場面の規範を参照して）見るという経験を進行させているといえる。

　こうした意味で，表現における人物の行為の理解を，規範を参照するデザインの観点から分析することは，メディア上の表現を読むという経験を，日常的な光景を理解する実践とのつながりにおいて多様な形で明らかにする方法となる。

　この方法に根ざした見方から，再び図6-4における参与空間のデザインについて明らかにしていこう。図6-4の④から⑤にいたるコマ展開では，④での女性の「男と会うんだけどな」という発言に対して，⑤では男性が女性に向かって振り向いた姿が発言をともなわない形で描かれている。これに対して，⑥では，マンガ特有の表現とされる「内言」（内面の声）（大塚［1994］）として，コマの上部に女性の「心理描写」を表す吹き出しが置かれ，下部ではその内言に続くタイミングとしてなされた男性の発言を表す吹き出しが，通常の発話として配

194

置されている。

　さて、その⑥の内言において、女性が男性からの「リアクション」を期待していることが述べられている。つまり、⑤以降の男性の行為については、④に対する「反応」としての行為が、［報告—反応］という行為連鎖を参照するようにデザインされている。会話分析の研究からは、一方が報告することがらに対して、他方による何らかの際だった反応（発言）によって、その報告が注目すべきものであるという理解を導く、すなわちニュースとしての理解を産出する手続きがあることが指摘されている。こうした手続きにおいて参照される行為連鎖（シークエンス）はとくに「ニュースを伝えるシークエンス（News Delivery Sequence, NDS）」と呼ばれ（岡田［2007b］、メイナード［2003＝2004］など）、家族や友人間での新奇的な事実の告白や、医師から患者への病状の宣告など、さまざまな日常の行為として成立しているケースについて確かめられている。

　NDS という手続きの基本的な構造として明らかなのは、ある報告をしたとき、その報告がどのような経過をもってニュースとしての相互の理解を導くのかが、報告を受けた相手の「最初の反応」によってデザインされるということである。

　この「最初の反応」がどのようなものであるかを図 6-4 でのやりとりに合わせて見てみよう。まず、④での女性の「男に会う」という報告に対して、⑥での男性からの「最初の反応」として、「えっ」といった「反応的な声」（4章）などにより特定された受け取り（receipt）が示されれば、まず「男と会う」ことはその時点で一つのニュースとしての理解を導くことになる。あるいは別の反応として、男性から「本当？」などといった聞き返しがあれば、注目すべき本当の内容であるという確証を与えるために、さらにそのニュースは詳しく語られることになる（精緻化）。それに関連して、⑥で女性が「内

言」の中で期待として示しているような，「「誰と」って聞く」という反応もまた，報告に対するニュースとしての理解を導く行為連鎖に位置づけられるものである。つまり，時期や理由など，最初の報告にないことをたずねる行為もまた，ニュースの精緻化された記述として，受け手がその報告を積極的に参与空間において見るべきものとしてデザインするケースに位置づけられる（メイナード［2003＝2004：112-117]）。

以上の特徴に照らして見れば，⑥における「内言」での期待とは別に，図6-4の④から⑦について二人の間で実際に展開しているやりとりは，相互行為としてそもそもニュースを伝えるものではない。まず，⑥で男性が実際に行っている「うん」という発話は，④での女性の報告をニュースとして際立たせるような受け取りとして理解をもたらさない。さらに，その発話に続けて⑦での発言内容として，「さっき兄貴が」伝えにきたために，男性が④での報告を知っていることが文脈的な知識として示されている。記述を精緻化するプロセスに見られるように，ニュースを伝える行為に関わる相互の間に，一方が知っていることに対して他方に知らないことがあるという「知識の非対称性」（岡田［2007b：173]）が，受け取りや聞き返しなどの手続きに則って明らかにならなければ，ニュースを伝えているという理解を規範的に導くことはない。

このように，たとえばニュースを伝える相互行為における日常的な手続きを対照させることで，マンガにおいて，表現としての活動の記述が，どのような規範を参照して理解を導く行為としてデザインされているのかを分析することができる。

■ 規範の参照における「読む」という経験の多様性

ところで，図6-4の⑥においては，女性の「内言」として，④における女性の発言に対して男性が取る行動が，「止めるか」あるいは「「誰と」って聞くか」といったものとして「期待」する内容が示されていた。そこから，⑥のような「内言」が表現においてどういった機能を果たしているのかを考えたとき，まずマンガ表現論によれば，それは「心理描写」という，登場人物の心理状態を表す表現の形式として位置づけられている。つまり，登場人物による他者への期待や評価といったものを，実際の発言などの行動に表した形ではものではない形で表現するために，このような形式が取られていると考えられている。

これに対して，ここでは，そのような表現が，呼び方に示されているように「心理」に関わるものであるかどうかと別に，この場面に特定したものとして，男性について予期される行為が，この女性によって「内言」という形式において記述されていることに，まず注目して考えたい。

これまでに展開してきた議論からすると，この場面で表されている「期待」とは，ただ女性の願望や理想を表しているのではなく，ニュースを伝えるシークエンスを参照する手続きによって導かれた，「こうなるはずだ」という男性の行為に対する一つ（予期的な）理解を示すものとなる。

つまり，「「誰と」って聞く」ことは，先に見たニュースを伝える規範の参照において，予期される活動を記述したものとであるとともに，その記述のもとで，女性による④の発話が，そのような行為のデザインにおける「第一対成分」として位置づけられることにより，女性自身によって期待された第二対成分としての男性の発話の内容を示すも

のとなる。このような期待は,「今日すごい人に会うんだ」という発話を前触れとして,行為連鎖を参照しながら「誰と?」という反応が来ることを予期的に理解するのと同様な構造において生じるものとして見ることができる(岡田[2007b:170])。

 しかしながら,女性の⑥での内言にも示されているように,予期的に導かれる理解はこれに限定されるものではない。そこで注目されるのが,④の発言で,女性自らがこれから行う活動を,「男」と会うという,カテゴリー化装置を参照する表現において記述している点である。つまり,これから会う相手を[男]として記述することは,カテゴリー化装置に則って|男女|という集合を参照し,その記述のもとで,自らが[女]として会うという理解を導くものとなる。さらに図6-4の男性(Jとする)はこの女性の交際相手であることから,女性が他の[男]と[女]という立場で会うというこの理解において,この「男と会う」活動は男性Jにとって「止める」はずのものとなる。こうした記述のもとでは,特にニュースを伝えるシークエンスが参照されなくとも,男性にとっては「ニュース」という理解を導くものであり,⑥でも「誰と」という「リアクション」とは異なった予期として導かれている。

 以上から,「内言」の表現において見られるような,作中人物による他の人物の活動の記述についても,その記述のもとで参照される規範から,理解が導かれることが示された。これは,これまで表現としての行為の理解を,作中における「できごと」を理解する実践において,いわば一元的にとらえてきたのに対して,独自の次元から理解について検討することになる。ここにおいて,マンガを読むことにともなう「経験」のもつ多層性を考えることができる。

 この多層性は,図6-5のような形で考えることができる。つまり一つの層は,制作者によって,コマ展開を通じた人物の配置や,その人

物による活動が「表現」として記述される経験の層であり，これは作中の「できごと」を理解する実践において展開する。これに対して，もう一つの層は，作中人物によって記述される経験の層であり，これは作中人物の「視点」を理解する実践において展開する。この層における経験も，制作者によってそのように作中人物が記述を行うこと（の記述）として，同じ表現としての活動の記述と見なすこともできるが，ここで問題にしているのは，そういった表現をもたらす主体や，いずれの経験が本来のものか，といったことではなく，それぞれの層における記述において，規範の参照によって導かれる理解の実践が，異なった位相の経験をもたらすという点である。

　しかし，こうした経験はそれぞれにおいて全く個別に展開するのではなく，日常的な行為としての規範の参照において，読者が，それぞれの経験を再記述しながら参与することによって，一貫した理解の実践のもとに展開する。

　その例として，「はじめに」のマンガにおける「風邪を引いている」という理解の実践についてあらためて見てみよう。この例においては，3コマ目までに，作中人物である女性が「風邪を引いている」という理解が，頭を抱えることや，咳をするという女性自らの行為の記述によって導かれている。これに対して，4コマ目で生じるのが，このような理解が二つの異なる位相として経験されるということであった。つまり，「とぎれとぎれの声」や「咳をする」ということは女性自身が「演技」として行ったものであり，いわば女性独自の視点による記述において展開する経験となっている。そして，それは，女性が頭を抱えることによって，頭痛という行為の記述のもとで，表現上のできごととして展開する「ほんとうの風邪」という経験と異なっている。

　このような経験としての位相を異にしながらも，お互いが関係をも

6章 マンガは絵で描かれているからかんたんで誰でも読めるのか

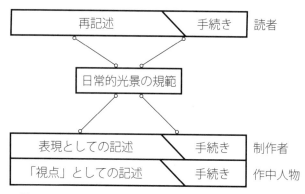

図6-5 マンガの表現を日常的光景として理解する実践

って理解されるのは，頭を抱える，咳をするといった，表現としての行為の記述が，その記述のもとで，「風邪を引いている」という光景の理解を（たとえばグランスにかなったものとして）規範的に導いているからである。

こうした作中人物をある行為者として，その視点から独自の位相として，行為の記述を行うことは，ちょうど先にみた作中人物の視線による視点の操作と同じような，「表現技法」として理解されるかもしれない。しかし，すでに見たように，そうした視点を人物の視界としての画像で示す「技法」だけでは，少なくとも規範を参照した理解を読者に導くものではない。

ここで「はじめに」の例に話を戻せば，このマンガがいわゆる4コママンガとして表現上の目的として読者に「おかしさ」をもたらすことができるのは，作中人物の視点を利用して，経験の位相におけるギャップを生じさせているからである。その意味では，そのような視点を利用した制作者自身による技法と見ることもできるが，あくまでそのような経験の位相という理解の実践を支えているのは，これまでに見てきたような日常的光景としての規範の参照である。その意味で，

制作者はこうした経験の展開を，規範を通じた理解についてデザインすることはできるにしても，そうした経験をもたらしているのは，あくまでそれぞれの理解を実践する読者（による再記述）である。

　以上から，さらに図6-4の展開を追ってみると，これまできた⑥の「内言」における女性独自の視点からの記述に対して，⑦ではまったく異なった記述のもとで行為がなされているという理解が導かれる。つまり，男性Jは④で女性が「男」と表現した対象が，Jの「兄貴」であることをあらかじめ知っていて，その情報において，④の発言はニュースを伝えるシークエンスを参照することもなく，カテゴリー化装置において「男と会う」ニュースとしての理解を導くものでもないことが明らかとなる。

　そこにおいて，⑥における女性の記述において展開した経験が，作中の「できごと」についての経験とギャップを生じることになり，そのギャップがこの表現を読むという経験について読者が見出す「おかしさ」となる。この「おかしさ」をさらに別の経験において支えているのが，カテゴリー化装置であり，⑦までの記述において明らかになったのは，相手の兄を知っている関係において，相手の「お兄さん」を［男］と表現するという，カテゴリー化装置の適用規則の参照においてふさわしくないという意味での「おかしさ」でもあった。

　あるいは，こうした異なった経験におけるせめぎ合いを「かけひき」として楽しむこともまた「おかしさ」といえるかもしれないが，いずれにしてもそのような位相の違いはあくまで規範の参照における違いとして分析されるべきものであろう。

　表現を日常的光景規範に照らして分析的に理解するということは，表現を社会的な現実の中に押し込めて理解するということではない。むしろ，私たちの表現に関わる理解を，日常的規範そのものからの離脱を含めてさまざまな記述のつながりの中でより多様な経験へと開い

6章　マンガは絵で描かれているからかんたんで誰でも読めるのか

ていくためのものである。そのような多様性において，読者がマンガから再記述する経験も多様なものとなる。

しかしながら，この多様性は単に読者における「自由な解釈」について成立するものではなく，あくまで表現における行為のデザインにおいて場面ごとのそのつどの状況において展開するものである。その一方で，メディアの表現に対する理解を，マンガ的記号といった特定のジャンルについての約束事に押し込んでしまうことは，「読む」という経験を読者に根ざして考える上でも，有効でないといえるだろう。

[注]
(1) こうした表現は，特に職業として専門的であることを求められない。個人的な画像を撮影したり，それをネットで共有したりする場合にも，ここで述べたような表現としての行為のデザインに関わっている。
(2) 3章の同時発話の議論でふれたように，このような規範があるからといって，同時に発言する場面の表現やその理解が妨げられるわけではない。実際に吹き出しを重ねることでそういう場面が表現されることもある。むしろこうした規範を参照することによって，重なって発話が行われている場面について，発言の「妨げ」あるいは（強制的な）「終了」が行われようとしているという理解が導かれている。たとえば図6-3の⑧と⑨で，男性の順番における発話がさえぎられることによって，女の子が持つ男性に対する「敵意」を読み取ることができるのも，まさにこのような規範の参照による。
(3) この点に関して，「はじめに」の例0-1で，「風邪を引いてる」という理解が，具体的な記述のもとで導かれていたことを思い起こしてもよいだろう。
(4) ここで行為連鎖を関連させて考えることもできるだろう。たとえば「質問」をしたのに「答がない」という理解が導かれるのは，（質問には答える，といった）約束ごとがあってそれが守られていない，という一種のパターンにしたがっているからではない。「質問」という記述のもとでの理解の実践において，さらにその「不在」について「答」の位置を記述することのふさわしさが，行為連鎖という規範の参照に則って導かれているこ

とによる。

そこから，作中人物による「視点」をことさらに取り上げて分析的に意味づけることの困難さも指摘できる。たとえば，図6-4の⑦では，女性のものと思われる「足」が描かれているが，このような描写一つ一つについて，誰かの「視点」を定めることは不可能ではないにしても，そもそもこの画像が「足」に対する記述としてデザインされているのかどうかを判断することが困難だろう。つまり⑦において二人の参与空間に「あるもの」としての「足」の記述がなされているということは理解可能であるにしても，誰かが「足を見ている」という記述のもとで理解するのは一般的に困難である。こうした視点の設定が，表現された場面としての相互行為の参与空間から切り離されてしまうならば，少なくともそのような視点を通じては，実際にその参与空間において読者がマンガを理解する実践を分析することにはならない。

(5) このような形での分析を行うことは，マンガ表現論としては意味があると思われるが，相互行為的な規範からメディア表現の理解の実践を明らかにする本書の目的に適うものではない。同じくコマのアングルの効果により人物像の印象が変化するといった映画的な手法にしたがった理解の仕方も，もちろん表現論の洗練にとっては必要であるが，そのような表現論としての，活動の具体的な記述から切り離された形での際限のない解釈の適用は，いわば解釈のインフレを招く一方で，「読者」が日常的に行っているような「素朴な理解」から離れていくおそれがある。本書が日常的光景の規範にしたがった分析を主眼に置くことは，メディア論にありがちな「批評のための批評」といった閉塞状態を防ぐ意味もある。その一方で，図6-3におけるコップの描写と同様に，図6-4の「足」だけのコマのような描写が会話の進行と「関係ないもの」と理解できること自体もまた，相互行為の規範から示すことが可能である。

(6) マンガ表現の中で言われる，いわゆる「キャラが立つ」という状況として作中人物の行動についての理解が独自に展開することで，いわば「ひとりで」に新たなストーリーの展開が示されるような状況は，こうした作中人物による独自の記述が規範の参照において「ひとりで」に行為を予期させる作用によるものといえるかもしれない。

あとがき

　筆者は元来,「情報行動論」という領域において,メディアの利用行動を主に量的な手法により調査する研究にたずさわってきた。量的に調査した成果とその意義は大きいものと考える一方で,人々が現実場面においてメディアを利用する実態に迫る研究も必要であると考え,なおかつそれを個人的には最もやりたい研究として目標に掲げて来た。

　そのために,これまで主に社会学のマス・コミュニケーション研究の分野に関心を持ってきたが,同時にその主流が「効果研究」であったことに違和感を持ち続けてもいた。なぜなら,効果研究では「メディアの内容が人々に影響を与える」ということが実証の課題となる一方で,いったんその効果が認められた場合でも,実際にメディアで表現されている内容が,人々の現実における理解にどのように関わっているのかについては,それが具体的な実践のかたちをもって明らかにされることがほとんどなかったからである。

　その一方,その後の学界の研究動向として,質的研究という視点が徐々に広まる中で,視聴者研究としてのオーディエンス・エスノグラフィーという分野が研究関心に近いものとなった。しかし,その手法が「エスノグラフィー」というよりは,メディアについての人々の解釈をインタビューによって示すだけであったことから,やはり人々による日常的な実践そのものに向かうには距離があるものと思われた。

　そして,質的研究全般への疑問としても,それが結論として明らかにしていることの多くが,結局は「人生いろいろ,解釈もいろいろ」とでも言いうるものにとどまり,筆者自身が日々行っている実践も含

めて，人々に共通して一定に営まれている理解の実践に関わるものではないように思われた。もちろん，このことから「質的研究」による研究知見の一般性を問題にしているのでは全くないし，他方で，質的な方法により生み出された，人々の独自な経験に関する記述そのものが，まさに経験に関わる資格の問題から，特に同じような経験を持たない他者には意味を持たない，ということを言いたいわけではない。また，実際に自らが読者となれば，そうした研究で描かれるさまざまな人々の語りなどが共有される可能性を読み取ることはできる。しかし，それらの経験が実際にどのように他者において理解され得るのかについてまで示してくれる研究には管見の限り出会ったことがなかった。

　翻って，相互行為を分析する方法も，個別の事例だけで考えていて一般性がない，とよく批判されることがあるが，そうした批判は，相互行為分析の前提となる「規範の参照」という視点がよく理解されていないために生じるものと考えられる。たとえば［質問―応答］という行為連鎖を，規範として人々が現実に参照していることは，サンプリングをして統計的に検証することなどで初めて明らかになるようなものではなく，まさに自明なものとしてそこにあるのであって，解釈を争うような対象ではない。その上で，実際にその規範が理解について実践されるのは，状況に応じて「参照」される限りのことであって，必ず行為そのものに表されるとは限らない。

　そして，具体的な活動に示される順番交替などの方法も，「順番交替しましょう」などという言葉とともに日常の会話に現れてくるものではないように，方法とは，あくまでその実践において具体的な活動として記述された中で，特定の規範を「リマインドする」（Coulter［1983］）という関係にある。ここでクルターにならい，規範をチェスにおける定跡（定石）にたとえた上で，先に述べたことと合わせて以

下のように説明しよう。

　チェスが進行する中でのある場面として，同じ色のポーン（将棋の歩にあたるもの）がプレーヤーから見て同じ縦の列に並んでいることが観察されたとき，ポーンを移動するそれまでのさまざまな活動によって，並んでいるどちらかのポーンがすでに相手の駒をとっていることなどが理解できる。このように理解することが，まさに規範を参照しながら理解するということになる。つまり，チェスをプレーするものは，そのような場面をそれまで何回以上観察すれば，以上に示した場面についての理解に確信を持てるのか，といった形で判断を問われることはない。その判断の根拠は単にチェスとしての定跡が「そこにある（in here, フランシス＆ヘスター［2004：35＝2014］）」こと以上に求められることはない。つまり，具体的な活動にともなうポーンの配置が，定跡をその場面についてリマインドした結果として，そうした理解がもたらされていると考えられる。この意味で，プレーヤーをはじめとして，盤面を観察するものは，まさに場面ごとそのつどの状況における，ポーンの定跡という記述のもとで規範を参照しながら理解を実践する。

　この規範の参照という視点により，メディア研究においても，まさに私たちが現実の場面ごとのそのつどの状況において行っている実践を対象にした上で，なおかつそれをただ状況もしくは人によって異なる解釈や心理などに解消せずに，私たちがメディア表現について一定に導き出す，共通した理解を示すことができる。

　今後の研究としても，視聴者による活動すなわち視聴を，「見る」および「聞く」活動として，さらに細かな記述として開いた（unpack）上で，表現された行為が規範を参照することよって，人々に共通して理解可能なものになるという過程そのものを詳細に考察する研究として深めていく必要があると考える。その点では，本書が示

あとがき

した規範の内容も，行為連鎖とカテゴリー集合というごく一部のものに過ぎず，エスノメソドロジーの研究によって，具体的な実践のかたちに即して示されている，より緻密な知見をさらに参照していく必要がある。

これに関連して，規範の参照という相互行為分析に特有の視点を習得するという点から，本書のようにメディア上の行為を分析することが有効性をもつ可能性を示しておきたい。もちろんドラマ上の会話などは日常で自然に行われている会話そのものとは異なるが，規範をリマインドするという視点から考えれば十分なデータになり得るし，またデータの性質としても，プライバシーの管理なども不要で非常にアクセスしやすく，記述の再現可能性も高いものであるといえる。

また，メディアの表現を分析する点においては，本書が多くの場合，表現として完結した作品の方を対象としており，メディアを制作する現場の実践を扱っていないことは今後の課題として指摘できる。ただ，筆者が代表となった近年の科学研究費の研究（基盤研究C「メディア表現構成における社会的規範を通じた理解の実践に関する研究」）では，共同研究のプロジェクトとして，短歌創作におけるグループによる相互批評の活動，日常的な写真の撮影場面，マンガ家の創作経歴など，さまざまな表現の制作現場を対象とした調査研究に着手してきた。

さらに言えば，メディアの制作者と利用者のいずれを研究対象とするにおいても，今後は表現を理解する実践を一つのワークと見なした，ワークのエスノグラフィー（是永［2013］など）という視点が求められるだろう。すでに描かれたもの（作品）からリマインドする／させるという方法もあるが，やはりそれでもなお，作品ごとそれぞれの記述に即した考察が必要なように，エスノグラフィーによる個別具体的な活動の観察なしには，「そこにある」という本来の特徴について規範を描き出すことは困難であるだろう。逆に，実践の観察者として，

制作者・利用者それぞれが，いつでもエスノグラファーとなり得る可能性が重要である。

　本書は一般市民によるメディア批判という点から出発したが，そうした人々と，他方でプロフェッショナルとして日々においてメディアの制作現場にいる人々との食い違いが目立つ現状において，本書で示したような観点から，それぞれの人々が共通のことばをもって表現を分析し，議論を展開していくことの一助になれば幸いである。

　　　　　　　　　　　＊　　　　　　＊

　本書は2016年に武蔵大学大学院人文科学研究科に提出した博士論文「メディアの表現理解における実践の分析——規範の参照という視点から」をもとにしている。ただし，本書への収録にあたっては，博士論文ではカットした草稿段階の文章なども含めて，論文の根源的なアイデアに関わる部分も取り入れることにした。そのためにかえって冗長に思われるところがあるかもしれないが，趣旨としてご理解いただきたい。

　また，エスノメソドロジーについては，関連書の多くが英語文献であることも鑑み，ごく基本的に理解していただくことを目標に，学者（エスノメソドロジスト）の名前などは最小限にとどめつつ，ヘスター＆フランシス『エスノメソドロジーへの招待』や，前田泰樹ほか編『ワードマップ・エスノメソドロジー』など，ごく数点の日本語で書かれた基本書に当たればそのアイデアについての根源的な部分を確認できるようにつとめた。「成員カテゴリー化装置」が「カテゴリー化装置」になるなど，専門的に見れば中途半端な用語になっているのは，「成員（メンバー）」など，テクニカルな用語や概念を増やさないためのものであり，またその一方で，「記述のもとで」など，かなり特異

あとがき

な言い回しが繰り返されているのは，その用語により基本書を参照しながら，なるべく原義に即して理解いただくためのものとして理解されたい。

本書におけるそれぞれの章について元になった論文は下記の通りである。

はじめに・3章・4章：本書として執筆（一部は学会にて既発表）
1章：是永［2016］
2章：是永・酒井［2007］
5章：是永［2004］
6章：是永［2009］

本書を締めくくるにあたり，まずは筆者を学究の道に導いてくださった，東京大学名誉教授・飽戸弘先生，東京大学教授・橋元良明先生にそれぞれ深く感謝を申し上げたい。また，博士論文審査に際しては，審査委員長の山下玲子先生をはじめとして，小田原敏先生，高橋一樹先生，前田泰樹先生，の各審査委員の先生方に大変丁寧なコメントをいただいた。先述のように本書は，審査対象となった論文について大きく追加をしているため，文責はひとえに筆者にあることを明記したい。

これまでの筆者の研究の歩みにおいて，酒井信一郎さんの存在が多大なものであることを記しておきたい。元は筆者が指導を担当した学生であったが，その後にエスノメソドロジー以外の領域を含む，さまざまな分野で共同で研究を進めるにあたっては，むしろ筆者の方が学ばせてもらったものの方が大きいと考える。1章の事例はご本人の論文をそのまま用いており，また2章のもとになった共著論文を博士論文および本書にて単著として使用するにあたってもご快諾された上で，

さらには草稿段階でも全文に対して非常に適確な助言をいただいた。酒井さんなくしては本書の着想を得る機会からして非常に限られたものであったことは間違いない。

北星学園大学教授・水川喜文氏には，筆者がエスノメソドロジーそのものに関わる大きなきっかけを作っていただいた。同じ札幌の地に赴任していた頃から，公私に渡る交流で学んだことに加え，在外研究の際に，水川氏の導きにより，W・シャロック氏，D・フランシス氏，D・ランドール氏をはじめとした「マンチェスター学派」の薫陶に触れることができたのは，貴重な経験であった。

そのほかにエスノメソドロジーについて学ばせていただいた方としては，先述の前田泰樹先生のほか，酒井さんと同じく草稿段階に会話分析の観点から助言をいただいた平本毅さんをはじめとして，枚挙にいとまがないが，紙幅の都合からとりあえず「社会言語研究会」で出会った方々としてまとめて御礼を申し上げることでお許しいただきたい。また，大学院生時代からメディア研究の領域において学ばせていただいた方々については，それぞれのご高著を参考文献に挙げたことで御礼とさせていただきたい。

本書の編集担当である高橋直樹さんには，御礼としてふさわしい言葉が見つからないと思われるほどに，文字通り本書の最初から最後まで本当にお世話になった。またその期間が，博士論文となる以前にお話をいただいてから，あまりにも長い年月になってしまったことを非常に心苦しく思うとともに，草稿の段階から自分でも嫌になるほどにまとまらず要領を得ない文章にお付き合いいただいた苦労というよりは苦行を，どのように労うことができるかと思うにつけ，途方に暮れてしまう。ただ，自己満足の誹りをかえりみずに言えば，その過程を通じて，エスノメソドロジーについて授業などでよどみなく日本語で説明するために，考える限り自分にとってもっともふさわしい言葉

あとがき

を見つけることができたということは，何の足しになるかはともかく，記しておきたいと思う。

　ここで私事に及ぶことを許していただき，筆者の書く文章の読みにくさを，論文草稿の段階で容赦なくただしてくれた人物について，エスノメソドロジー用語で述べるならば，それぐらい「自然言語の習熟者」（H・ガーフィンケル）であり，なおかつ一日一度は「なんでそんなこと知ってるの？」と尋ねてしまうほど，さまざまな世事に通じた「実践的社会学者」（A・クロン）でもある妻，法子にありがとう，と言いたい。

　　2016年12月

著者

引用文献

阿部潔 2002「スポーツドキュメンタリーのポリティクス」伊藤守編『メディア文化の権力作用』せりか書房, pp. 98-126.

飽戸弘 1992『コミュニケーションの社会心理学』筑摩書房.

Backingham, D. 2003 *Media Education: Literacy, Learning and Contemporary Culture, Blackwell.*（=2006 鈴木みどり監訳『メディア・リテラシー教育——学びと現代文化』世界思想社）

Baudrillard, J. 1970 *La Société de Consommation, Editions Denoël.*（=1995 今村仁司・塚原史訳『消費社会の神話と構造』紀伊國屋書店）

Clayman, S., & D. Maynard 1995 "Ethnomethodology & Conversation Analysis", in P. ten Have & G. Psathas (eds.) Situated Order: Studies in the Social Organization of Talk and Embodied Activities, University Press of America, pp. 1-30.

Coulter, J. 1983 "Contingent and a priori Structures in Sequential Analysis", *Human Studies* 6(4): 361-376.

江原由美子 1998「「受け手」の解釈作業とマス・メディアの影響力」『新聞学評論』37: 51-65.

Francis, D. & C. Hart. 1997 "Narrative Intelligibility and Membership Categorization in a Television Commercial", in S. Hester, & P. Eglin, (eds.) *Culture in Action: Studies in Membership Categorization Analysis*, International Institute for Ethnomethodology and Conversation Analysis & University Press of America, pp. 124-151.

Francis, D. & S. Hester 2004 *An Invitation to Ethnomethodology*, Sage.（=2014 中河伸俊ほか訳『エスノメソドロジーへの招待』ナカニシヤ出版）

藤田真文 1997「広告のコミュニケーション」橋元良明編『コミュニケーション学への招待』大修館書店, pp. 115-147.

藤竹暁 1979「テレビの出現」早川善次郎ほか著『マス・コミュニケーション入門』有斐閣新書.

Garfinkel, H. 1967 *Studies in Ethnomethodology*, Polity Press.（=1989 北澤裕・西阪仰 部分訳「日常活動の基盤—当たり前を見る」『日常性の解剖学——知と会話』マルジュ社, pp. 31-92）

Goffman, E. 1959 *The Presentation of Self in Everyday Life.* New York: Doubleday Anchor.（=1974 石黒毅訳『行為と演技——日常生活における自己呈示』誠信

書房)

Goffman, E. 1967 *Interaction Ritual : Essays in Face-to-Face Behavior*, Pantheon Books.（=1986 安江孝司・広瀬英彦訳『儀礼としての相互行為』法政大学出版会)

Goffman, E. 1963 *Behavior in Public Places*, Free Press.（=1980 丸木恵祐・本名信行訳『集りの構造』誠信書房)

Goffman, E. 1971 *Relations in Public : Microstudies of the Public Order*, Basic Books.

Goffman, E. 1979 *Gender Advertisements*, Harper and Row.

Goffman, E. 1981 *Forms of Talk*, University of Pennsylvania Press.

Goodwin. C. 1981 *Conversational Organization*, Academic Press.

Goodwin. C. 1996 "Transparent Vision", in E. Ochs, E. A. Schegloff & S. Thompson (eds.) *Interaction and Grammar*, Cambridge University Press, pp. 370-404.

Goodwin, C 2002 "Time in action", *Current Anthropology* 43 : 19-35.

Hall, S. 1980 "Encoding/decoding", in S. Hall et al. (eds.) *Culture, Media, Language*, Routledge, pp. 128-138.

橋元良明 2011『メディアと日本人——変わりゆく日常』岩波新書.

Heritage, J. 1984 "A Change of State Token and Aspects of Its Sequential Placement", in J. Atkinson & J. Heritage (eds.) *Structures of Social Action : Studies in Conversational Analysis*, Cambridge UP, pp. 299-345.

Hutchby, I. 2001 "'Witnessing': The Use of First-hand Knowledge in Legitimating Lay Opinions on Talk Radio", Discourse Studies 3(4) : 481-497.

茨城政治 2007『メディアのなかのマンガ——新聞一コマ漫画の世界』臨川書店.

石田佐恵子 2005「誰のためのマンガ社会学——マンガ読者論再考」宮原浩二郎ほか編『マンガの社会学』世界思想社, pp. 157-185.

石井幸夫 1997「コミュニケーションのリアリティーガーフィンケルの観察」『社会学評論』47(4) : 428-444.

石郷岡知子 1993『高校教師　放課後ノート』平凡社.

伊藤剛 2005『テヅカ イズ デッド——ひらかれたマンガ表現論へ』NTT出版.

伊藤守 2006「ニュースのディスコース分析，マルチモダリティ分析」伊藤守編『テレビニュースの社会学：マルチモダリティ分析の実践』世界思想社, pp. 15-36.

伊藤守・岡井崇之編 2015『ニュース空間の社会学』世界思想社.

Jayyusi, L. 1984 *Categorization and the Moral Order*, Routledge & Kegan Paul.

Jayyusi, L 1988 "Toward a Socio-logic of the Film Text", *Semiotica* 68(3/4) : 271-296.

Jayyusi, L. 1991 "The Reflexive Nexus : Photo-practice and Natural History",

Continuum : The Australian Journal of Media and Culture 6(2) : 25-52.
Jefferson, G. 1988 "On the Sequential Organization of Trouble-Talk in Ordinary Conversation", *Social Problems*, 35(4) : 418-441.
金子秀之 2000『世界の公共広告』研究社出版.
見城武秀 2008「メディア・リテラシー：メディアと批判的につきあうための方法論」橋元良明編『メディア・コミュニケーション学』大修館書店, pp.216-233.
北田暁大 2000『広告の誕生——近代メディア文化の歴史社会学』岩波書店.
国際婦人年をきっかけとして行動を起こす女たちの会 1976『女の分断を連帯に——一年めの記録』(冊子).
小宮友根 2007a「カテゴリーと結びついた活動」前田泰樹ほか編『エスノメソドロジー——人びとの実践から学ぶ』新曜社, pp.115-120.
小宮友根 2007b「会話における順番交代」前田泰樹ほか編『エスノメソドロジー——人びとの実践から学ぶ』新曜社, pp.124-131.
小宮友根 2007c「行為の連鎖」前田泰樹ほか編『エスノメソドロジー——人びとの実践から学ぶ』新曜社, pp.132-139.
小宮友根 2007d「修復」前田泰樹ほか編『エスノメソドロジー——人びとの実践から学ぶ』新曜社, pp.140-147.
小宮友根 2011『実践の中のジェンダー——法システムの社会学的記述』新曜社.
今野勉 2004『テレビの嘘を見破る』新潮新書.
是枝裕和 2007「演出といわゆる「やらせ」をめぐって…——この捏造問題から何を学ぶか」『新・調査情報』65: 2-9.
是永論 2004「映像広告に関する理解の実践過程——「象徴」をめぐる相互行為的な実践」『マス・コミュニケーション研究』64: 104-120.
是永論 2007「映像を見る（1）——「チラシの表」で社会学」前田泰樹ほか編『ワードマップエスノメソドロジー——人びとの実践から学ぶ』新曜社, pp.217-222.
是永論 2009「画像をめぐる相互行為の理解について——マンガにおける日常的光景の理解可能性を中心に」『応用社会学研究』51: 29-48.
是永論 2013「人々における経験に根ざした「情報」へのアプローチ——エスノメソドロジーに特徴づけられたエスノグラフィー」『社会情報学』1(3): 1-9.
是永論 2016「E. ゴフマンにおけるドラマティズム再考——行為のフレームから活動の記述へ」『応用社会学研究』58: 357-366.
是永論・酒井信一郎 2007「情報ワイド番組における「ニュース・ストーリー」の構成と理解の実践過程——BSE 問題における「リスク」を事例に」『マス・コミュニケーション研究』71: 107-128.
串田秀也 2001「私は一私は連鎖——経験の「分かち合い」と共-成員性の可視

化」『社会学評論』52(2): 124-147.
串田秀也 2010「言葉を使うこと」串田秀也・好井裕明編『エスノメソドロジーを学ぶ人のために』世界思想社, pp. 18-35.
串田秀也・好井裕明編 2010『エスノメソドロジーを学ぶ人のために』世界思想社.
Lang, G. & K. Lang 1953 *Politics and Television: Re-viewed*, Sage. (=1997 荒木功ほか訳『政治とテレビ』松籟社.
Lerner, G. 2002 "Turn-sharing: The Choral Co-production of Talk-in-interaction", in C. E. Ford, B. A. Fox, & S. A. Thompson (eds.), *The Language of Turn and Sequence*, Oxford University Press. pp. 225-256.
Leudar, I. & J. Nekvapil 2004 "Media Dialogical Networks and Political Argumentation", *Journal of Language and Politics*, 3(2): 247-266.
Lynch, M. & D. Bogen, 1996, *The Spectacle of History: Speech, Text, and Memory at the Iran-Contra Hearings*, Duke UP.
Macbeth, D. 1999 "Glances, Trances, and Their Relevance for a Visual Sociology", in P. Jalbert (ed.) *Media Studies: Ethnomethodological Approaches*, University Press of America, pp. 135-170.
前田泰樹 2002「ヴィジュアル経験へのエスノメソドロジー的アプローチ」,『視覚メディアにおけるジェンダー・ディスプレイのミクロ社会学的分析』(共著:安川一, 前田泰樹, 杉山由佳) 一橋大学大学院社会学研究科安川一研究室【1999-01年度科学研究費補助金研究成果報告書】, pp. 33-51.
前田泰樹 2007「見る」前田泰樹ほか編『エスノメソドロジー――人びとの実践から学ぶ』新曜社, pp. 210-216.
前田泰樹 2008『心の文法』新曜社.
前田泰樹 2015「「社会学的記述」再考」『一橋社会科学』7(0): 39-60.
Maynard, D. 2003 *Bad News, Good News: Conversational Order in Everyday Talk and Clinical Settings*, University of Chicago Press. (=2004 樫田美雄・岡田光弘訳『医療現場の会話分析――悪いニュースをどう伝えるか』勁草書房)
道又爾ほか 2011『認知心理学――知のアーキテクチャを探る(新版)』有斐閣アルマ.
水川喜文 2007「定式化と実践的行為」前田泰樹ほか編『エスノメソドロジー――人びとの実践から学ぶ』新曜社, pp. 29-34.
水谷憲司 2000「心理戦と人間ドラマのはざまに――プロ野球中継の曲がり角」青弓社編集部編『こんなスポーツ中継は、いらない！』青弓社, pp. 7-26.
森達也 2005『ドキュメンタリーは嘘をつく』草思社.
森田浩之 2009『メディアスポーツ解体――「見えない権力」をあぶり出す』日本放送出版協会.

中正樹 2008「内容分析のすすめ——実証することの大切さ」小玉美意子編『テレビニュースの解剖学——映像時代のメディア・リテラシー』新曜社, pp. 26-37.

中村唯史 2002「マンガにおけるデフォルメの位相について」『山形大學紀要. 人文科學』15(1): 161-178.

浪田陽子 2012「メディア・リテラシー」浪田陽子・福間良明編『はじめてのメディア研究——「基礎知識」から「テーマの見つけ方」まで』世界思想社, pp. 3-34.

難波功士 1993「広告研究における状況的パースペクティブ——E. Goffman "Frame Analysis" の検討から」『マス・コミュニケーション研究』42: 179-193.

難波功士 2000『「広告」への社会学』世界思想社.

夏目房之介 1997『マンガはなぜ面白いのか——その表現と文法』日本放送出版協会.

NHK放送文化研究所編 2003『テレビ視聴の50年』日本放送出版協会.

西阪仰 1997『相互行為分析という視点』金子書房.

西阪仰 2001『心と行為』岩波書店.

西坂仰 2008『分散する身体——エスノメソドロジー的相互行為分析の展開』勁草書房.

荻野昌弘 2005「マンガを社会学する」宮原浩二郎ほか編『マンガの社会学』世界思想社, pp. 134-154.

岡田光弘 2002「スポーツ実況中継の会話分析」橋本純一編『現代メディアスポーツ論』世界思想社, pp. 163-195.

岡田光弘 2007a「ジョークを語る（物語をすること／理解の表示としての笑い）」前田泰樹ほか編『エスノメソドロジー——人びとの実践から学ぶ』新曜社, pp. 163-168.

岡田光弘 2007b「ニュースを伝える／受けとる」前田泰樹ほか編『エスノメソドロジー——人びとの実践から学ぶ』新曜社, pp. 169-174.

大塚英志 1987『まんがの構造——商品・テキスト・現象』弓立社.

大塚英志 1994『戦後まんがの表現空間——記号的身体の呪縛』法蔵館.

Richardson, E. & E. Stokoe 2014 "The order of ordering: Objects, Requests and Embodied Conduct in a Public Bar", in M. Nevile et al. (eds.) *Interacting with Objects: Language, Materiality and Social Activity*, John Benjamins, pp. 31-56.

Sacks, H. 1963 "Sociological Description", *Berkeley Journal of Sociology* 8: 1-16.（＝2013 南保輔・海老田大五朗訳「社会学的記述」『コミュニケーション紀要』24: 77-92）

Sacks, H. 1972a "An Initial Investigation of the Usability of Conversational Data for Doing Sociology", in D. Sudnow (ed.) *Studies in Social Interaction*, The Free Press, pp. 31-73.（＝1989 北澤裕・西阪仰訳「会話データの利用法――会話分析事始め」G. サーサス・H. ガーフィンケル・H. サックス・E. シェグロフ『日常性の解剖学――知と会話』マルジュ社, pp. 93-173）

Sacks, H. 1972b "On the Analyzability of Stories by Children", in J. Gumperz & D. Hymes (eds.) *Directions in sociolinguistics: the ethnography of communication*, Rinehart & Winston, pp. 325-345.

Sacks, H. 1974 "An Analysis of the Course of a Joke's Telling in Conversation", in J. Sherzer & R. Bauman (eds.) *Explorations in the Ethnography of Speaking*, Cambridge University Press, pp. 337-353.

Sacks, H. 1978 "Some Technical Considerations of a Dirty Joke", in J. Shchenkein, (ed.) *Studies in Organization of Conversational Interaction*, Academic Press.

Sacks, H. 1992 *Lectures on Conversation* vol. 2, Blackwell.

Sacks, H. et al. 1974 "A Simplest Systematics for the Organization of Turn-taking for Conversation", *Language* 50: 696-735.（＝2010 西阪仰訳「会話のための順番交替の組織――もっとも単純な体系的記述」『会話分析基本論集――順番交替と修復の組織』世界思想社, pp. 7-153）

斎藤俊則 2002『メディア・リテラシー』共立出版.

酒井信一郎 2010「メディア・テクストのネットワークにおける成員カテゴリー化の実践」,『マス・コミュニケーション研究』77: 243-259.

阪本俊生 1991「トークと社会関係」安川一編『ゴフマン世界の再構成』世界思想社, pp. 101-128.

佐藤健二 1993「メディア・リテラシーと読者の身体」『マス・コミュニケーション研究』42: 134-150.

佐藤直樹・F. クレマー編 2008『ヴィルヘルム・ハンマースホイ 静かなる詩情』日本経済新聞社.

Scannell, P. 2001 "Authenticity and Experience", *Discourse Studies* 3(4): 405-411.

Schegloff, E. 1977 "The Preference for Self-correction in the Organization of Repair in Conversation", *Language*, 53(2): 361-382.（=2010 西阪仰訳「会話における修復の組織――自己訂正の優先性」『会話分析基本論集――順番交代と修復の組織』世界思想社, pp. 157-246）

Schegloff, E. 1987 "Recycled Turn Beginnings; A Precise Repair Mechanism in Conversation's Turn-taking Organization", in G. Button & J. Lee (eds.) *Talk and Social Organization*, Multilingual Matters, Ltd, Editors, pp. 70-85.

Schegloff, E & H. Sacks 1972 "Opening up Closings", *Semiotica* 7, pp. 289-327.（＝1989「会話はどのように終了されるのか」北澤裕ほか訳『日常性の解剖学――知と会話』マルジュ社, pp. 175-241）

Sharrock, W. 1999 "Seeking and Finding Society in the Text", in P. Jalbert (ed.) *Media Studies : Ethnomethodological Approaches*, University Press of America, pp. 1-30.

Sharrock, W. & Button, G. 1991 "Social Actor : Social Action in Real Time", in G. Button (ed.) *Ethnomethodology and the Human Science*, Cambridge University Press, pp. 137-175.

Sheflen, A. 1976 *Human Territories*, Prentice Hall.（＝1989 桃木暁子ほか訳『ヒューマン・テリトリーズ：インテリア―エクステリア―都市の人間心理』産業図書）

Silverman, D. (ed.) 2001 *Interpreting Qualitative Data* (2nd edition), Sage.

Sudnow, D. 1972 "Temporal Parameters of Interpersonal Observation", in D. Sudnow (ed.) *Studies in Social Interaction*, Free Press, pp. 259-279

菅谷明子 2000『メディア・リテラシー――世界の現場から』岩波新書.

鈴木みどり編 1997『メディア・リテラシーを学ぶ人のために』世界思想社.

鈴木みどり編 2001『メディア・リテラシーの現在と未来』世界思想社.

高山啓子 2001「CM 視聴活動実践における視聴者の構成――会話と映像のシークエンス分析」『川村学園女子大学研究紀要』12(3)：66-77.

竹内オサム 2005『マンガ表現学入門』筑摩書房.

Tolson, A. 2005 *Media Talk : Spoken Discourse on TV and Radio*, Edinburgh University Press.

辻大介 1997「コミュニケーションを認知科学する」橋元良明編『コミュニケーション学への招待』大修館書店, pp. 40-55.

辻大介 1998「言語行為としての広告――その逆説的性格」『マス・コミュニケーション研究』52：104-117.

Tulloch, J. & D. Lupton, D. 2002 *Risk and Everyday Life*, Sage.

内田樹 2005『先生はえらい』ちくまプリマー新書.

内田樹 2010『街場のメディア論』光文社新書.

烏賀陽弘道 2012『報道の脳死』新潮新書.

浦野茂 2004「実践の中の知覚――身体的行為と見ることの分析」山崎敬一編『実践エスノメソドロジー入門』有斐閣, pp. 158-168.

上谷香陽 1996「社会的実践としてのテレビ番組視聴――ある「事件報道」の視聴活動を事例として」『マス・コミュニケーション研究』49：69-109.

瓜生吉則 2000「マンガを語ることの〈現在〉」吉見俊哉編『メディア・スタディーズ』せりか書房, pp. 128-139.

van' Dijk, T. 1998 "Opinions and Ideologies in the Press", in A. Bell & P. Garrett (eds.) *Approaches to Media Discourse*, Blackwell, pp. 21-63.

van Leeuwen, T. 2001 "What's Authenticity", *Discourse Studies* 3(4)：392-397.

引用文献

渡辺久哲 2010「視聴率が示す"強い日本"×国際大会のコンテンツ・パワー」『調査情報』494：8-9.
山崎敬一 2004「エスノメソドロジーの方法（1）」山崎敬一編『実践エスノメソドロジー入門』有斐閣，pp. 15-35.
安川一 2002「"視覚的なもの"と向きあう：視覚社会学のために」『視覚メディアにおけるジェンダー・ディスプレイのミクロ社会学的分析』（共著：安川一，前田泰樹，杉山由佳）一橋大学大学院社会学研究科安川一研究室【1999-01年度科学研究費補助金研究成果報告書】，pp. 1-31.（URL：http://ofc-hjm.misc.hit-u.ac.jp/hjm/MyDesk/Bib/2002b.html, 2015年6月30日確認）

【資料】

秋月りす 1991『OL進化論　第3巻』講談社.
秋月りす 1994『OL進化論　第7巻』講談社.
大場つぐみ・小畑健 2005『DEATH NOTE　第8巻』集英社.
谷川史子 2007『谷川史子オムニバス集――君と僕の街で』集英社.

人名索引

■ あ 行
阿部潔 108, 109
伊藤剛 182
ヴァン・ダイク, T. 51
瓜生吉則 172, 173
江原由美子 9, 10
岡田光弘 110, 111, 134

■ か 行
ゴフマン, E. 18, 19, 103, 112, 145, 146, 158
是枝裕和 58
今野勉 59

■ さ 行
佐藤健二 169-171
サドナウ, D. 174, 178
サックス, H. 83, 165
シェグロフ, E. 45
ジェファーソン, G. 191

■ た 行
竹内オサム 183, 184

辻大介 141
トールソン, A 103

■ な 行
難波功士 102
西阪仰 104
ネクヴァビル, J 77

■ は 行
バッキンガム, D. 13
ハッチビー, I 74
フランシス, P 73
ボードリヤール, J 165

■ ま 行
前田泰樹 25, 28
森田浩之 108, 109

■ や・ら 行
安川一 22
ローダー, I 77

事項索引

B
BPO（放送倫理・番組向上機構） 3, 7

C
COW（ビデオ） 32, 33

■ **あ 行**
厚い記述 26, 28
一貫性規則 36-38, 87, 103, 152, 153
インターネット 29, 106
受け手に向けたデザイン 168
受け取り 195, 196
薄い記述 26
埋め込まれた実践 89
うわさ 167
エスノグラファー（観察者） 26, 28, 29, 54
エスノメソドロジー 14, 19-21, 25, 34-35, 40, 41, 45, 50, 52
エンコーディング 12, 102
演技 15-17, 27, 199
演出 7, 27, 55, 56, 58-60, 94, 106, 110
オーセンティシティ 79-82, 85, 86, 90, 100, 101, 103, 104
オーバーラップ 119-121

■ **か 行**
絵画作品 179
解釈のインフレ 203
概念 14, 17, 27, 53, 84, 85, 133, 154, 155
概念の結びつき 14
会話の開始部の再利用 120
会話分析 43
貸切広告 140, 141, 143
カテゴリー化装置 149, 152, 153, 155, 157, 178, 181, 198, 201
カテゴリーと結びついた（category bound）活動 65, 155, 158
カルチュラル・スタディーズ 12
観察記録（エスノグラフィー） 26
感動の文法 109
関与 176
関連性（レリバンス） 193
疑似環境 57, 58
技法 47, 50, 200
キャラが立つ 203
教育情報サイト 33
グランス 174, 176-181, 200
詳しい記述 114, 115, 122, 132
経済規則 76
言語行為 141, 142
公共広告 29, 54
公共性 74
コマーシャルのリアリズム 158
コマ展開 182, 187, 188, 191, 193

■ **さ 行**
産出 20, 21, 28, 69
参与空間 180-182, 185, 187, 192-194, 196
参与枠組み 160, 161
資格 41, 83-86, 90, 98-104
指揮権（directorship） 49, 50
志向 122, 123, 125-127, 132, 133, 136, 137, 159, 160, 168
自己修復 46
自己選択 43
視線誘導 188
実物とモデルの問題 158
集合R 99

修復(repair) 45, 46, 49, 50, 120
順番交替 42, 119, 178, 184, 185
順番構成単位 42
順番取得 42, 43
状態変化徴表 112
冗談 9-11
象徴 154, 163-165, 167
象徴作用 153, 165
情報エンタテイメント 61
ジョーク 94, 98, 135, 165, 166
心理描写 197
スキーマ 51
スタジオ・トーク 60, 70, 71
ステレオタイプ 109
スポーツ中継 105-107, 111
スポーツ・ドキュメンタリー 109, 136
セクシャルハラスメント 11
前景化 139, 142-145, 147, 164

■ た 行

第一対成分 39, 44, 111
第二対成分 39, 40, 44, 111
他者修復 46
他者選択 43
達成 50, 53, 59, 73
抽象性 158-160, 163
対関係 98
つながりのサイン 177
適用規則 35, 36, 76, 152, 201
デコーディング 12, 102
同一化技法 190
同時発話 72, 73, 93, 202
動画 29, 30, 32, 33, 86, 89
トーク番組 21, 81, 82, 90, 104
ドキュメンタリー 79, 81, 85, 86, 100, 109, 136, 143
ドキュメンタリー番組 55, 109
読書 169, 170
トラブル源 46, 47
トラブル・トーク 191, 193

■ な 行

謎かけ 94, 98, 99
ナショナリズム 108-110
日常的(な)光景 176-178, 180, 187, 194, 200
担い手(incrunbent) 99, 100
ニュース研究 57
ニュースレポート 60, 61, 67-69, 76, 80
ニュースを伝えるシークェンス 195, 197, 198, 201
認知心理学 51
ねつ造 58, 69

■ は 行

ハイライト 123, 135
場面ごとのそのつどの状況 52, 72-75
反映論 172
反応的な声 112, 113, 124, 134, 135
フッティング 103, 161, 163
フレッシュ・トーク 103
編集 60, 70, 75
放送メディア 55
報道番組 21, 70
本当の経験 21, 79, 101

■ ま 行

マンガ的記号 190, 192, 202
マンガ表現論 172, 173, 182, 188, 197, 203
マンガ評論 171, 172
見かけ 20
メディア・テクスト 74
メディア(の)批判 3-5, 7, 8, 12, 20
メディア・リテラシー 4, 6, 12, 13, 20, 169
目撃 83-85
モダリティ 58, 75

■ や 行

やらせ 27, 55, 56, 58, 60, 75

事項索引

予期　197, 198, 203

■　ら　行

リアリティ TV　82
理解可能　20, 192
理解の産出　107
リソース　152, 153

臨場感　80, 81, 86, 184
隣接ペア　39-42, 44, 93, 111, 115, 121
類似環境　57
レストラン・スクリプト　51, 52

■　わ　行

割り込み　42, 119

著者紹介

是永　論（これなが・ろん）

1965年生まれ。東京大学文学部卒業、同大学院社会学研究科社会心理学専攻博士課程単位取得退学。博士（社会学）。札幌学院大学社会情報学部専任講師を経て、現在、立教大学社会学部メディア社会学科教授。専門は、情報行動論、コミュニケーション論、エスノメソドロジー。2005年から2009年までBPO（放送倫理・番組向上機構）の青少年委員会委員を務める。

共著に、『コミュニケーション論をつかむ』（有斐閣）、『メディアコミュニケーション学』（大修館書店）、『実践エスノメソドロジー入門』（有斐閣）、『ワードマップ　エスノメソドロジー』（新曜社）。

共訳書に、M.バンクス『質的研究におけるビジュアルデータの使用』（新曜社）、D.フランシス＆F.ヘスター『エスノメソドロジーへの招待』（ナカニシヤ出版）、W.ニューマンほか『ニュースはどのように理解されるか』（慶應義塾大学出版会）など。

 見ること・聞くことのデザイン
メディア理解の相互行為分析

初版第1刷発行　　2017年4月11日

著　者　是永　論
発行者　塩浦　暲
発行所　株式会社　新曜社
　　　　〒101-0051　東京都千代田区神田神保町3-9
　　　　電話（03）3264-4973(代)・FAX（03）3239-2958
　　　　E-mail：info@shin-yo-sha.co.jp
　　　　URL：http://www.shin-yo-sha.co.jp/
印　刷　星野精版印刷
製　本　イマヰ製本

© KORENAGA Ron, 2017　Printed in Japan
ISBN978-4-7885-1509-3 C1036

――― 好評関連書より ―――

ワードマップ エスノメソドロジー 人びとの実践から学ぶ
前田泰樹・水川喜文・岡田光弘 編著
人びとが日常を作りあげていく方法を調べることを通じて、社会の理解に迫る社会学の研究方法を、多彩な研究実例を紹介しつつ、初心者向けに解きほぐす。
四六判328頁 本体2400円

質的研究におけるビジュアルデータの使用 SAGE質的研究キット5
マーカス・バンクス 著／石黒広昭 監訳
ビジュアルデータの収集・分析、結果の提示、倫理的問題への対処まで。研究例を引きながら懇切に解説する。最近のコンピュータによる分析にも目配りが利いた、待望の手引。
A5判224頁 本体2400円

心の文法 医療実践の社会学
前田泰樹 著
歯科や看護、検査、言語療法など、広義の医療の実践において、動機、感覚、感情、記憶などに焦点を合わせながら、私たちの「心の文法」をつまびらかにする。
A5判298頁 本体3200円

実践の中のジェンダー 法システムの社会学的記述
小宮友根 著
〈社会的〉な性差とはいったい何を意味するのか。フェミニズムやシステム理論が予示した社会秩序の研究を、ジェンダーと法といったトピックを実際に記述するなかで実現する。
四六判336頁 本体2800円

メディアと文化の日韓関係 相互理解の深化のために
奥野昌宏・中江桂子 編
日韓関係の歴史を、新聞・放送などのメディア、マンガ・アニメ・ドラマなどの文化交流からたどり直す。相互の歴史を知ることが関係改善の着実な道であることを確信させる本。
A5判296頁 本体3200円

（表示価格は消費税を含みません）

――― 新曜社 ―――